宇宙人のワタシと地球人のわたし

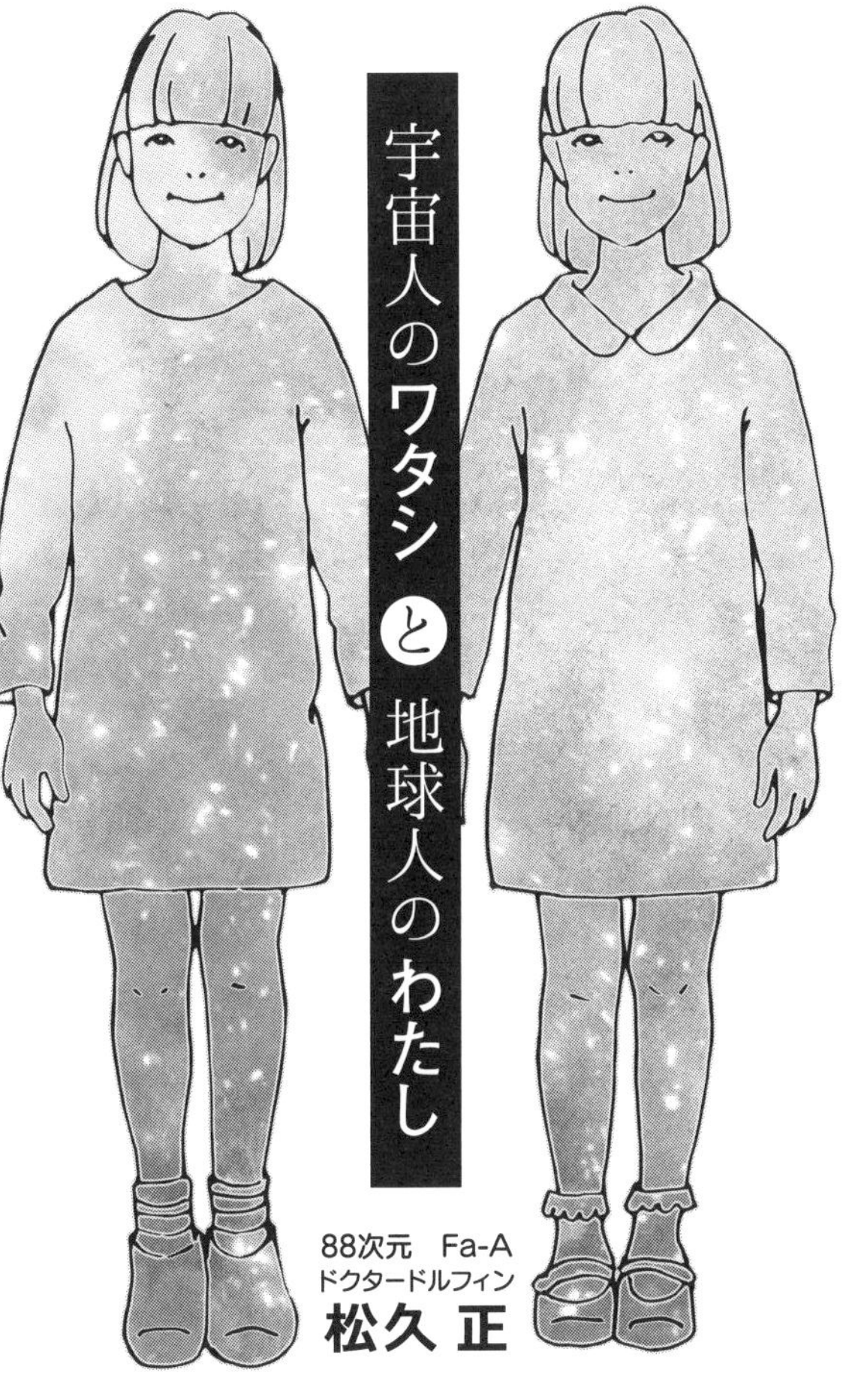

88次元　Fa-A
ドクタードルフィン
松久 正

明窓出版

はじめに

私からあなたにお伝えしたい、特別な『存在』がいます。

あなたは今、人や社会に裏切られたりだまされたりして、辛い気持ちを抱えているかもしれません。はらわたが煮え返るような怒りや、深い悲しみを覚えているかもしれません。家族や親友でさえ味方に思えないことがあったり、ただただ孤独に、虚しく過ごしているかもしれません。

けれども、どんなときにも、あなたを絶対に裏切らない、だましたりしない、いつもあなたに寄り添っている存在がいるとわかったらどうでしょう？

そんな存在がいたら、孤独感から解放され、いつも穏やかな気持ちでいられるかもしれませんね。

その存在とは、実は『アナタという高次元の宇宙人』なのです。

日々の生活の中、気づかないうちにどこかで登場しているのに、あなたがそれに気がついていないだけです。

人間はみな、脳を使って、「こうありたい、こうなりたい」と自身が理想とする姿に近づくために思い悩むわけですが、脳を介した思考は、本当の自分の声ではありません。

地球人はみな、もがいている人ばかりです。

痛みがあるから、お金がないから、うまくいかないから、病気になったから、容姿に恵まれないから……だから不幸である、なぜこんなふうに生まれたんだろう、どうして良くならないんだ、と苦しみ、それでも前向きでいようともがいています。

けれども本当は、問題は、なくそうと思ったらなくならないのです。


「こんなこともうまくできないわたしはダメな人間なのだ」と思い悩んでしまうことも多いのではないでしょうか。

それは人間が、うまくいくことは『善』、うまくいかないことは『悪』だと思い込んでいるからです。

しかし、宇宙的視点で見ると、うまくいかないことこそが『善』です。

そういう体験を、あなたの魂が望んでいるのです。

これがわからないと、永久にもがき続けることになってしまいます。

ですから私は、あなたに伝えたいのです。

本当はあなたは、地球に来る前に、それぞれが魂の学びの試練として「うまくいかないという課題」を持ち込み、望み通り「うまくいかない」という体験を通して学んでいるのに、脳が「早くうまくいかせたい」と考えてしまうために、「学びたい」という魂の望みとは逆の望みを自分の本心だと思い込んでしまっているのです。

結果、進化・成長のための課題はクリアできずに、「うまくできなかった」と、必要のないジレンマを抱えてしまっています。


例えば自分の願望を叶えたり、人生を良くしたいとき、どのような行動をとられていますか？

おそらく、神様に祈ったり、天使にお願いしたり、アセンデッドマスター（高尚な魂を持ち、わたしたちを助けてくれる天界の存在）からアドバイスを得ようとしたり、守護霊に頼ったりされる方も多いのではないかと思います。


それらの存在は、多少はあなたの助けになるかもしれません。

ただ、その力は充分に強くありません。なぜか。

神様や天使、アセンデッドマスター、守護霊といったものは、それらを信じる人たちのエネルギーの塊、つまり集合意識にすぎないからです。

そうした存在は、ある程度の方向づけや、ヒントは与えてくれるでしょう。

けれども、『あなた専用』のサポーターではありませんから、具体的なアドバイスやサポートはしてくれません。

しかし、人生に迷う人に最も必要なのは、具体的な『自分に役立つ知識と情報』ではありませんか？

それをあなたに与えてくれる存在こそが、『アナタという高次元の宇宙人』なのです。

この『アナタという高次元の宇宙人』という存在は、ハイヤーセルフといわれるものとは少し違います。

ハイヤーセルフとは、実体を持たない高次元の自身のエネルギーのことで、ただ見守るだけです。地球人と同じ次元にまで降りてきて、

「こうしなさい。これをやってはいけません」というような、具体的なアドバイスは行ないません。

ハイヤーセルフはいわば『見守り役』。

声をかけるというような具体的なアクションや、誘導はしないのです。

「神様もいるじゃないか」という声もあるかと思いますが、前述のように神様というのは、

いわば集合意識です。

神を信じているたくさんの人のエネルギーが全て絡み合い、集合意識となったものが神様の概念なのです。

つまり、あなただけの存在ではないので、ある程度の方向づけ、ヒントを与えてはくれますが、ハイヤーセルフと同じく具体的な助けはできません。やはり、見守る役目なのです。

対して、『アナタという高次元の宇宙人』とは、『今、同時に存在する、高次元の星にいる自分』です。

『同時に存在する』とは、どういうことでしょうか？

今のあなたは、『意識中心を地球に置いていない自分』と『意識中心を地球に置いている自分』が必ず同時に存在している、という状態なのです。

今まで『過去生』（「過去星」ともいえるでしょうか）と言っていましたね。

自分はシリウスから来たとか、プレデアス、アルクトゥルス、アンドロメダ……みなさん、いろいろな星をあげていらっしゃいます。

本来それは、「どの星にエネルギーを濃く置いているか」ということなのですが、今は地球人の時間軸の概念でいう『過去』のもの、つまり『過去にはあったけれど、今はないもの』として語られています。

「昔、わたしはシリウスにいたけれど、今は地球にいます」という概念かと思いますが、それは大きな間違いです。

「シリウスにいた自分はもう存在しない」と『ないもの』とされているその存在こそが、最も自分を助けてくれる存在だということをみんな、知らないのです。

それらは『自分自身』ではありますが、パラレル・多次元・高次元に同時に存在し、高い次元から低い次元を見ているので、すみずみまで見渡すことができ、まさに手に取るようにわかるのです。かれらは「いまここ」に、あなたと共に存在しているのです。

私の場合は、シリウスが濃い、プレアデスは薄い、アルクトゥルスにもかなり置いてあるといった感じです。

置いているエネルギーの濃さで変わってくるのですね。これが、大事なことです。

では、宇宙人のアナタというのは、地球人のあなたと比べると何が違うのでしょうか。

答えは、宇宙人は地球人より時間と空間の制限が少ないのです。

「時間」というのは、一般的には過去から現在、未来へ流れていると認識されていますが、実は必ずしもそうではありません。

そして「空間」というものは、ある1箇所に固定されるものではなく、空間自体が移動するというのが正しい概念です。

この2つでわかることは、自分の体験は、自分自身でコントロールできるということです。

地球人は、自分が嫌なことを体験しているときに、すぐさまそれを良いことと捉えるのは難しいでしょう。怒りの原因となっているような嫌な出来事や嫌いな人を、好きに変えるのも難しいですね。

しかし宇宙人は、簡単にそれができるのです。自由自在に、自分の体験を変えることができるというのが、宇宙人のエネルギー次元です。


では、なぜあなたは、『アナタという高次元の宇宙人』の存在を知らないのでしょうか。

それは、あなたが地球人としてソウルインしたあと、地球に来た本分を全て忘れてしまったからです。


あなたは、制約のない宇宙から、時間と空間の制約が強い地球に、「思い通りにいかない」という『もがき体験』をしに、意図的に飛び込んで来ました。

友人、親や子という家族、先生、上司、仲間などとのさまざまな体験を通してもがき、そして学び、魂を進化・成長させることがそもそもの課題であり、地球で生きる意味なのです。

しかし、地球に生まれると、その課題の意図を全て忘れてしまうため、生きることが大変になってしまうのです。


みんな、地球で全てを忘れたまま、テレビやインターネットや本などから情報を得て、何とかうまく生きていこうとしています。

しかし、それらは『あなたのためだけの情報』でしょうか？

巷《ちまた》に溢《あふ》れているそうした情報は、「ある人には役に立つけれど、ある人には役に立たない」といったものです。

そんな情報から成功への道を見出すのは、たいがいの場合、無理な話なのです。


『アナタという高次元の宇宙人』は別の星から、『地球人としてソウルインする自分』を見ていました。もちろん、地球でこなすべきあなたの課題の内容も知っています。自分のことだからこそ、地球の自分が救われる具体的な術を知っているのです。

悩むあなたが救われる方法はただ一つ。

あなたの魂が望むことを知ることです。

そのために重要なのは、『アナタという高次元の宇宙人』という存在に気づき、サポートを受けること。そのサポートを受けるためには、まず松果体のポータルを開くこと。


本書は、私が宇宙の視点から見た、地球人たちのお話です。

これからの新しい時代を、自分が望むように生きるには、どのように人生をコントロールしていけばいいのか、『宇宙人のアナタ』からのサポートを受けられるようになるポータルを開くには、どうしたらいいのか。

地球人の生きる道しるべ——学びに大きなヒントとなる物語をご紹介していきましょう。

88次元　Ｆａ－Ａ
ドクタードルフィン　松久　正

＊私、ドクタードルフィンは、神や宇宙存在をも超える次元エネルギーとつながって、人類と地球の次元上昇のために活動しています。その次元とは、個性も感情もない88次元です。
Ｆａ－Ａとは、音を表したものです。

宇宙人のワタシと地球人のわたし　目次

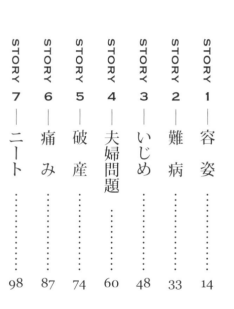

story 1

容姿

わたしの名前は、小川はるか。

わたしは、物心ついたときからすでに、太っている。

他の女の子はみんなスマートでスタイルがいいのに、わたしは手足も短くずんぐりむっくりだし、顔もぽちゃっと丸い。鏡に映った自分を見ても、とても不細工だと思う。

以前からずっと、わたしはみんなと違うと思っていた。


幼稚園では、自分の容姿を誰かと比べたりすることはなかった。男の子、女の子の区別もあまりはっきりしていなかったように思う。

その頃のわたしは性格も明るく、男の子とも笑って話をしていた。女の子の中でも、自然に自分らしくいられた。


ところが、小学校に入り、一般的にいう美しさの価値観を理解してくると、他人と自分を比べるようになり、自分の容姿についても良くないと自覚した。

そのうち、男の子たちの興味はキレイな子に向かうということや、女の子の中でも、キレイが絶対正義だということがわかってくると、キレイではないわたしは、どこに身を置いたらよいのかわからなくなった。

10歳になった今も、あいかわらずキレイでも可愛くもない。口の悪い男の子には、「ブス」と面と向かって言われることさえある。

(やっぱりわたしは、いつまで経っても可愛くなれないんだ) と、卑屈に思うようになってから、わたしの本来の明るさがだんだん消えていき、思ったことを素直に言うこともできず、男の子と話すこともなくなってきた。

給食の時間も、わたしは一人だ。

女の子たちは、みんな仲良し同士で集まっているし、男女で一緒に食べているグループだってある。

(楽しそうでいいな) と思うけれど、わたしが声をかけたら場がしらけてしまいそうな気がして、なかなかどのグループにも入れずにいた。

小学校に入ったばかりの頃にはいた友達とも、だんだん疎遠になってしまって、今は一人ぼっちでいるほうが多くなっていた。

いつもの通り一人で給食を食べていたある日、突然、

「ねえ、隣に座ってもいい？」と、男の子が声をかけて来た。

それは、最近転校してきた相川《あいかわ》君だった。

1週間ぐらい前に転校してきた相川君は、すごくあっけらかんとして楽天的な、さっぱりした性格の子だった。

そんな子がわたしに声をかけてくるなんて——

（一人で食べているから気を遣ってくれたのかな。転校してきたばかりだし、わたしがクラスで浮いているのもまだ知らないのかも……。

「わたしなんかと食べてもつまんないよ？」と言ってみたけれど、

「小川じゃなきゃダメなんだよ」

と、変なことを言う。おかしな人だなと思ったけれど、断るのにも勇気がいるし、

「じゃあいいよ」と言うと、相川君は隣に座った。

そして突然、大きな唐揚げを頬張ってますます不細工になっているわたしに、

「小川ってさあ、どこから見てもブスだよな。特に今のご飯を食べている顔なんか、さらにひどいよ」と言い出した。

「そんなこと言われなくてもわかってるよ。なんでわざわざそんなこと……」

わたしが少しにらみながら言うと、

「人間って悪いところばかりじゃない。宇宙の法則っていうのがあってさ、悪いところと良いところは、必ずバランスよく作られてるんだよ。

小川はさ、自分の悪いところばかり見て、良いところを全くわかってないんじゃないか？」

と、なんだか難しい話になってきた。

（この子、何を言ってるんだろう？）

「わたしなんか、良いところなんか一つもないもん。お友達もいないし。

わたしのどこに良いところがあるって言うの？　調子いいこと言わないでよ。

相川君、ついこのあいだ転校してきたんでしょう？　わたしのこと何も知らないくせに。わたしはみんなに嫌われているの。相川君だって、どうせすぐみんなと、わたしの顔のこと笑うんでしょ。隣に座るのも今だけだよ」

「そこまで自分が嫌なら、整形手術でもすればいいじゃん。今は美容整形とかものすごく流行ってるし、簡単にキレイになれるんだからさ！」

相川君がそう言うと同時に、突然、天井に大きな黒い渦巻が湧いてきた。

叫ぶ間もなく、わたしはその渦に吸い込まれていった。

∞

気がつくと、わたしは韓国にいる24歳のOLになっていた。

わたしは、韓国の旅行会社に就職していて、今は日本人向けのツアー担当で、日本と韓国の交流に一役かっている。とてもやりがいのある仕事で、社内外の信頼も厚い。


ふと鏡をのぞくと、とてもキレイな顔がそこにあった。

誰もが振り返るような、整った顔立ちの女性がわたしを見返している。

確か、さっきまで子どもで、太って醜い自分に本当に悲しんでいたのに。

男の子と話していて、ブスが嫌なら整形手術をすればいいじゃん、などと言われていた……。

(こんなにキレイになっているなんて、いつのまにわたしは整形手術をしたのだろうか)

今のわたしは、会社の人たちとの人間関係も良好で、気づかないフリをしているが、特に男性社員からの人気が高い。

彼らに笑顔で接していれば成果は自然に上がるし、たとえミスをしても、男性の誰かがフォローしてくれた。上司のウケもよく、評価も高い。当然待遇もよく、富裕層といるくらいの生活もできている。

わたしの人生は、イージーモードだ。

あるとき、同僚の男性に、

「今晩、食事に行かない？」と誘われた。

好みのタイプだったこともあり、わたしは二つ返事でＯＫした。

彼が連れて行ってくれたお店は、とても雰囲気の良いところだった。初めての食事の場所としては、いささか高級すぎるくらいだったので、わたしは少し戸惑っていた。

どの料理も美しく、素晴らしかった。彼は話し上手だったので会話も弾み、気がつくと、すっかり緊張も解《ほぐ》れていた。

デザートのプレートが下げられたところで、彼はわたしをまっすぐ見つめて、

「小川さんは、とても素敵な女性だね」と言った。

「実は、最初に小川さんを見た瞬間から、気になっていたんだ。理想のタイプだなあ、って

……いつ声をかけようかと悩んでいたら、こんなに時間がかかってしまった。でも、勇気を出して本当によかったよ。思った通り、君との時間はとても楽しいよ」

彼は社内一のイケメンでとてもモテる上に、営業成績も群を抜いて良く、上司からの評価も非常に高い。振る舞い方もスマートで世慣れている雰囲気があり、付き合う相手には困らないだろう。

そんな彼に、最初の食事からそんなことを言われるなんて、嬉しいというよりフワフワしたような、不思議な気持ちだ。夢でも見ているのだろうか。

彼はしばらくわたしの表情を窺《うかが》っていた。そして、わたしの目の奥に浮かぶ好意を感じ取ったのだろう、

「将来は君と一緒に歩んでいきたい。僕と結婚してくれないか?」

と突然プロポーズをしてきたのだ。

こんなドラマのような出来事に、わたしは完全に舞い上がった。

向かいの席で、彼は静かに微笑んでいる。今日からわたしは、この素敵な人の婚約者。

今のわたしは、完全無敵の勝ち組といえる。

そのときから、素敵な彼との幸せな日々が始まったが、それは長くは続かなかった。

プロポーズされたあの日から婚約者として振る舞っていたわたしの耳に、不穏な話が入るようになってきたのだ。

それは、彼が他の女性社員とも付き合っているという噂だった。

（彼がモテるから、婚約者のわたしに嫉妬しているのね……）

最初こそ、そんなふうに思い込んで、ちょっとした優越感に浸っていた。

（噂なんて、尾ひれがつくもの。少し話が大きくなってるだけよ）

と、気にもとめなかった。噂を伝える同僚の声音に、たとえ同情や嘲笑が入り混じっていたとしても、そんな小さな音は、幸せの絶頂にいるわたしには届かなかった。


しかし、彼の協力がなくなかなか進まない式場選びや、先延ばしになるお互いの両親への挨拶、招待客のリストアップにも歯切れの悪い彼の対応に、少し不安が募っていった。

その不安は、彼が複数の女性と関係を持っているという目撃証言が相次ぎ、それが真実だとわかったとき、激しい怒りとなってとうとう爆発した。

わたしは彼に詰め寄り、まくしたてた。

「会社の女の子たちと、他にもたくさん付き合っているって本当?! 違う部署の子ともデートしているっていう噂を聞いたわ！ どういうことなの！」

激昂するわたしに追い詰められた彼は、案外あっさりと、全て本当であると白状した。

彼は、わたし以外にも複数の女性と関係があった。そしてそれは現在進行形であるという。

もともと、わたしと結婚する気なんてさらさらないのだった。

「君は……何か思っていたのと違ったんだよね」

薄ら笑いを浮かべながら、彼が言った。

「すごくキレイではあるけど、中身が薄っぺらいんだよ。仕事の評価が高いっていうけど、顔だけで仕事してるってもっぱらの話だよ」


わたしは結局、彼にとって何だったのだろう。言ってくれた言葉の数々は、全て嘘だったのだろうか。

ただの遊び相手だったの？　たくさんいる女性の中の一人にすぎなかったの？

浮かれているわたしをみんなが陰で笑っていたのかと思うと、怒りで血の気が引いた。

「馬鹿にしないでよ‼」

と涙まじりに叫んだとき、見覚えのある真っ黒な渦が目の前に広がった。

ああ、またこの渦……世界が、再び一瞬で闇となった。

∞

気がつくとわたしは、伊豆半島のなかほどの、海と山に挟まれた街に住んでいる24歳の女性になっていた。

大学卒業後、地元に帰って市役所の職員として働いていた。

わたしはとても不細工な上に太っている。

物心ついた頃から、他の子と比べて自分が不細工だと自覚してきた。

小学校に入学したあたりから容姿のことで人からからかわれたり、嫌われたりいじめられたりしてきたけれど、それでも「目立たず出過ぎず」をモットーに頑張って生きてきた。

不細工で太っていても、それでも自分は自分だ。

しょうがない、と思いながら生きてきたし、これからもそう思いながら生きていくのだろう。

しかし、そんな諦めと達観の中にも、

（本当に、自分はどうしてこんなふうに生まれてしまったんだろう）

（どうして親は、こんなふうに自分を産んだんだろう）

という思いがずっと奥に潜んでいて、気持ちがすっきりと晴れることはない。

わたしは、いろいろなスピリチュアルセミナーに通った。さまざまな先生方にご指南をいただき、あらゆる自己啓発本や哲学書を読み漁り、人間の生き方を勉強した。

自分の人生にもし「正解」があるなら、それに辿り着きたかったのだ。

しかし、それらの本や教えにはみな『自分を好きにならないといけない』とあった。

わたしにとってそれは無理難題で、どうしても自分を好きになれないのだった。

どこかではしょうがないと諦めてはいても、キレイに生まれたかったという願望はやはり否定できない。

やっぱりみんなと同じように、流行りの楽しいことをしたかった。

メイクやおしゃれを上手にして、キレイになった自分に胸を張ってみたかった。

これが似合う、あれも可愛いと、女友達と言い合ってみたかった。

今の自分に似合うものなんて、何もない。おしゃれをする権利すら、わたしにはない気さえする。


そんなわたしの生きがいは、もはや仕事で見つけるしかなかった。

職場の課長は、非常に厳格な男性だ。

若い女子職員に、とても厳しく当たっている。この職場で出世するには、この課長に気に入られるのが一番の近道であるという噂だ。

みんなこの部長に取り入ろうと、あの手この手でこぞってすり寄っているようだ。裏では悪口を言いながら、表では同じ口で美辞麗句《びじれいく》を連ね、飲み会では可愛い子ぶって話しかけたりしている。

わたしには、そんな心にもない振る舞いはできなかった。誰かの目に止まるような可愛い顔も、おしゃれなセンスも持ち合わせていない。

自分にできるのは、ただ誠実に、仕事に向き合うことだけだ。それには、可愛い顔も、ファッションも必要がない。

仕事さえきちんとしていればいい、そう思いながら、部長に群がる彼女らを眺めていた。


わたしが勤務する庶務課の仕事は、庁内外とのやりとりが多く、専門事務以外の仕事を一手に引き受けている。

みんなの労務管理から、給与事務、委託契約や使用許可などといった契約事務、照会回答のとりまとめ、年次予算の叩き台作りや消耗品の購入管理といったことまで……地味で表に出ない仕事だが、所内の全般を知ることができる仕事だ。

「出過ぎず、しかし親切に。数字やフォーマットは、正確でわかりやすく」をいつも心がけている。

課内には何人か職員がいるが、わたしをご指名で消耗品の購入を頼む人も多い。

業務柄他の課とのやりとりも多いため顔見知りも多いので、きっと頼みやすいのだろう。

「あなたにお願いすると、早く処理してくれていつも助かっているよ。ありがとう」

そう言ってもらえると、少し「わたし」という存在が認められたようで嬉しくなった。


あるとき、課長に呼ばれた。

「小川君が庁内に入ってからずっと見てきた。それでつくづく思うのだけれど、わたしは、君ほど裏表のない純粋で真摯《しんし》な人間を見たことがないよ。

今まで与えられた仕事に対しても、君がひたすら真摯に取り組んできたのを見てきているし、わたしは高く評価している。庁内外からも、君の評判はすこぶる良い。

『君の課の子は、面倒なことを頼んでも嫌な顔一つ見せたことないばかりか、いつも細かいことを気にかけてフォローしてくれるから助かっているよ。事務能力の高さももちろんだが、彼女の素晴らしいところは損得勘定がまるでないところだ』と他の課長が言っていたよ。

この現代社会は裏と表、私利私欲のある人間ばかりだ。どんな人間だってそれぞれの体面があるのだから、多少の裏表があるものだろうが、わたしの周りには、出世欲から媚《こ》びへつらう人間ばかりで、媚を売った同じ口で陰口を叩いていることも知っている。みな、自分をよく見せよう、偉く見せよう、賢く見せようと、身の丈以上に飾りたてようとするだろう。しかし君には虚栄《きょえい》も奢《おご》りも偽りもない。本当の自分自身を、そのままみんなに見せている。そしてそれが成果と評価につながっているんだ。

偽りのない姿を晒《さら》すというのは、普通の人間にはとても勇気がいることだよ。小川君みたいに本当に裏がなく、純粋な心を持ち続けているということは、稀有《けう》なこと。それはこれからのこの新しい社会に、非常に大切なことなんだ。

わたしはね、あなたのその心根と仕事ぶりから、信用に足ると判断した。これからうちの庁内では、新たな実験的プロジェクトが進行する。一番信頼できる君には是非、調整役を務めてもらいたい」

目の前の重い扉が、音をたてて開いた気がした。

初めて、自分自身を肯定することができた。「わたしがしてきた行ない」の評価が「醜い顔」に勝った瞬間だった。

容姿が悪く生まれてきたのをずっとどこかで恨み続けてきたけれど、それは、外見の飾りを取っ払った、純粋な心を育むためだったのだ。

この不細工な顔のおかげで嫌われたり蔑まれることが多かったけれど、わたしは人に対して、仕事に対してことさら誠実で真摯であろうと努めてきた。

その心に気がつき、認めてくれる人がいるのだ。それもたくさんいた。

心の奥に薄く広がっていた靄《もや》がすっきりと晴れ、光が射したようだ。

24歳、生まれて初めて、今の自分はすごく好きだと思えた。

次の瞬間、また、渦にのみこまれた。

∞

ふと気がつくと、隣に座った男の子が、頬杖をついてニヤニヤ笑っている。

目の前には、かじりかけの唐揚げがのった給食のトレーがある。

わたしは、10歳の自分に戻っていた。

相川君は、わたしの顔を覗き込みながら、

「どうだった？　面白かったかい？　本当の自分にちょっと出会えたかい？」

と楽しそうに言い、そして続けた。

「ボクは、宇宙人の君だよ」

その言葉に、わたしはぽかんとした。

「ね？　君は地球人だろう？　地球にいるから地球人。

君は容姿が良くないし太っている。

みんなのようになりたいといつも悩んできたんだ。

でも今、いろんなパラレルワールドに行って、見て感じてきただろう？

裏切りの婚約者も、君を引き上げた上司も、実は『宇宙人の君であるボク』。

『宇宙人の君であるボク』は全部見ていた。だから、知っているんだ。君が地球に入ってくるときに、わざと『容姿が悪い自分を選んで』入ったのを。

君は、なぜ地球に来たのか……地球という制限だらけの中で、試練を乗り越えて、成長するためだ。

君は、「大切なのは外見ではない」ということを学ぶために、地球に入ったんだよ。

この真実を、『宇宙人の君であるボク』は、10歳である君に伝えたかった。

今までの地球人は、そういう本来の目的を忘れたまま、20歳になっても、30歳になってもずっと、自分のことが嫌いなまま生きていたよね？

地球人には寿命があるのに、それではもったいないじゃないか。

だから、10歳の今、気づいて欲しかったんだ。

それで『宇宙人の君であるボク』が、地球人の姿をして伝えに来たんだよ」

そして、相川君はにっこりと笑って席を立つと、

「よかった。楽しいランチだったよ。じゃあ元気でな！」

と言って、教室を飛び出していった。

わたしは呆気にとられたまま、相川君の背中を見送った。彼は何者なんだろう。『宇宙人の君であるボク』とは何？

でも、相川君は、久しぶりに会う人のような、懐かしいような不思議な感じがした。

（また会ったときにもう一度、相川君に聞いてみよう）

けれどもそれから、相川君を見かけることは、二度となかった。

88次元ドクタードルフィンからの視点

この物語の主人公、小川はるかさんの友達の相川君は、宇宙人の自分でした。パラレルの中で裏切る婚約者や評価してくれる上司も、宇宙人の自分でした。

地球人、特に女性は、外見をキレイだと思われたい、美しく若々しいと思われたいという気持ちが強いですよね。

外見の美しさが、人間の価値だと考えている人も少なくありません。

女性だけではなく、最近では、普段からメイクをしたり、メンズエステなどに通う男性も多いようです。

確かに、身体を持つ人間という生命体にとっては、美しさも一つの特質、もしくは一つの見せ方です。

ただ、美しさとは逆の、醜い、不器量な姿を持つことでしか学べないものがあります。

それが、人間の内面・内観の学びです。

地球というところは、外観はよろしくないほうが学べるのです。

なぜかというと、不器量な人は、からかわれたり心ないことを言われたりと、つらく悔しい思いをします。

地球では一般的に、外見が美しいほうが得をしますね。より大事にしてもらえたり、好きになった人を振り向かせるのもうまくいくことが多かったり、何かと有利になることが多いでしょう。

しかし、そこにフォーカスしているうちは、幸せになれない仕組みになっているのです。

その仕組みとは、エネルギーの仕組みである『エネルギーグリッド』です。

エネルギーグリッドとは、宇宙が生まれたときに、すでに設定された物事の関係性と動きです。

不器量な人は、わざと『美しくない自分』を選んで生まれてきたのです。

目で見えない自分の本質、内面、おおもとの魂の部分を修正し、進化・成長するというテーマを持って生まれてきている人たちなのです。

ですから、自信を持って生きてください。

あなたは、それでいいのです。それでなきゃダメなのです。

それに気づいて内面が輝き出したときに、外見もきっと輝き始めるでしょう。

顔立ちなどは変わらなくても、「キレイになったね」と、周囲から言われ始めるようになること間違いなしです。

story 2 難病

筋萎縮性側索硬化症《きんいしゅくせいそくさくこうかしょう》（ＡＬＳ）……手足・のど・舌の筋肉や呼吸に必要な筋肉がだんだん痩せて力がなくなっていく病気で、指定難病である。

この病気は、筋肉そのものの病気ではなく、筋肉を動かし、かつ運動をつかさどる神経（運動ニューロン）だけが障害を受ける。

短期間で急激に進行し、手足が動かなくなり、喋れなくなっていく。そして歩行困難になり、最終的には呼吸器不全で死に至る。

街のクリーニング屋さん、それが僕の生業だ。

名前は小林拓人《こばやしたくと》、今年35歳になった。

クリーニング店は、妻と10年前に開業した。朝から晩まで毎日、近所のお客さんから持ち込まれる洗濯物をキレイに洗ってお返しする。これまで細々とやってきたが、それでも地元に愛される店として続いてきた。

開業10年目に入って少し経った頃、僕にわずかな異変が起こった。クリーニングしたシャツを畳もうとしたのだが、いつものようにキレイに畳めない。微妙にずれてしまうのだ。

（どうしたんだろう。なんだかおかしいぞ）

そのうち、アイロンをかけるのが難しくなってきた。それまでより重く感じるようになってうまく扱えず、服を焦がしてしまう。手元がブレて、自分の手までも火傷を負ってしまう始末だった。

少し前まで自由自在に動かせていた手が、思うように動かずもどかしい。

開業当時からずっと一緒にやってきた妻は、

「さすがにおかしいわよ、あなた。病院で診てもらったほうがいいわ」

と診療を勧めてくれた。

しかし、病院に行ったら最後ではないかという嫌な予感があった。やっと軌道に乗った仕事なのに、ここで休みたくない。服がキレイになって喜んでくれる常連のお客さんの顔が浮かんだ。

「僕は大丈夫だ。病院へは行かないよ」

そう言って、ずっと拒んでいた。

しかし、とうとうアイロンが持てなくなり、仕事ができなくなってしまった。いよいよ何とかしなくてはならないと、かかりつけである近所の小さな内科に行った。

ひと通り調べた医師は、顔を曇らせて、

「ひょっとしたら、厄介な病気かもしれない。大きい病院に行って調べたほうがいいよ」と言い、紹介状を書いてくれた。

僕の胸には、まさか、という不安が広がっていった。

紹介状を携えて行った総合病院では、綿密な検査をしてくれた。

その結果、僕がかかっているのは、『筋萎縮性側索硬化症（ＡＬＳ）』という診断だった。これは、指定難病の一つだそうだ。

「神経の病気で、現代医学では治療法はありません。食い止めることもできないし、進行を遅くするというような緩和療法もありません。

画期的な薬も、期待できないのが現状です。

わたしたちもできるかぎりのことはしますが、治りますとは言えません。

「……これからの人生は、自分の好きなことをして、自由に、有意義に過ごすことをお勧めします」

医師は他にも細かく説明してくれていたが、まるで頭に入らなかった。

頭の中では、同じ言葉がリフレインしていた。

『治療法がない。あとはただ、進行していくだけ』

聞いたことのないような名前の難病。

家にどう帰ったか、記憶があいまいだが、何とか自室に辿り着いてポケットからスマートフォンを取り出した。すでにだいぶぎこちない動きの手で、やっとのことで『ＡＬＳ』と打ち込んだ。

……そこには、絶望的な文字が並んでいた。

進行性の病気で、難病中の難病であるといわれていること。

原因はまだ不明であること。

多くは手指の使いにくさから始まり、筋肉が痩せて歩けなくなり、最終的には呼吸筋が弱まることによる呼吸不全から死に至ることが多い。

かかったら最後、進行の一途をたどり、回復の見込みはない――。

（なぜ僕が。僕が何をしたというんだ。

目前にはもう、死への道しかないのか）

闇の中に浮かぶ仄《ほの》暗い一本道が見えた気がして、低く嗚咽《おえつ》が漏れた。

全く仕事ができなくなってから2、3週間。このわずかな間に、病気は少し進行してしまったようだ。

店では、妻が一人で仕事をしてくれている。

一人では大忙しなのに、

「わたしは大丈夫。あなたは、ちょっとゆっくりしていなさい」

と言ってくれた。

手持ち無沙汰に、ふと近くの公園に散歩に出た。

（僕はこのまま、いつか近い将来、呼吸ができなくなって死んでしまうのか）

と考えると、何をする気も起きなかった。

僕にはもう、『クリーニング店をもっと繁昌させよう』などというような夢を見ることも、妻と一緒に穏やかに楽しく余生を過ごすという平凡な未来図を描くこともできないのだ。

妻が、これからずっと一人で店を切り盛りしてくのは難しいだろう。

復帰をしたいという気持ちは強いが、治療法もない進行性の病という現実に、絶望を突きつけられる。


うなだれて公園のベンチに座っている僕の頭上から、小鳥のさえずりが聞こえてくる。

(小鳥たちはあんなに元気に、キレイに鳴いているのに)

優しい太陽が照らし、世界は柔らかい光で満たされている。

遠くから子どもたちの遊び声が響く。

(あの子どもたちにはみんな、キラキラした将来が待っているのだ)

それに比べて、僕のなんと惨めなことか。

10年前、クリーニング店をやっと開業してからというもの、今までほとんど休日返上でやってきた。

裕福というにはほど遠いが、常連さんにも支えられて、それなりに安定した暮らしも手に入れた。

少しゆとりが出てきたから、そろそろ休みを取って、働かせ通だった妻と二人で温泉旅行に行こうか、と考えていた矢先だったのだ。

今後のことを考えると少しでも蓄えが必要と思われ、旅行すら行ける気がしない。そんな小さな夢すら、僕は見させてもらえないのだ。


絶望の淵に立っていた僕の肩を、後ろからポンポンと叩く小さな手があった。

「おじさん、おじさん」

と、ささやくような声は、幼い女の子のようだ。

優しく接する気持ちの余裕すらない僕は、最初は無視していた。

しかし小さな手は、諦めずに僕の肩を叩き続ける。

根負けして振り返ると、ハーフのような顔立ちをした、5歳くらいのとても可愛らしい女の子が、目を輝かせて立っていた。

赤いスカートに白いシャツ。足には赤い靴。

ニコニコしたその顔を見て、

(もう天使が迎えに来たのか?)

と思ってしまった。

「おじさん、ここに座っていい？」

（ベンチに座りたかったのか）

「いいよ。お座りよ」

隣に座った女の子は僕を曇りのない目で見つめて、

「おじさん、何か悲しいことがあったの？」

と聞く。

「そうなんだ。おじさんは病気なんだよ」

「え？　おじさんはどんな病気なの？」

「とっても難しい、治療法のない病気で、もう治らないんだ。だから、おじさんもうすぐ死んでしまうかもしれない」

それを聞いた女の子は目を丸くして、

「何を言っているの、おじさん。元気出してよ！

おじさんはその病気から大切なことを学ぶんだから！」

と叫んだ。

その瞬間、うららかな日和の空に、真っ黒な渦巻きが広がった。

何だこれは！　と叫ぶ間もなく、僕はその中に吸い込まれていった。

∞

ふと気がつくと、僕は病院のベッドで寝ていた。

目を閉じていても、周りには、家族が揃っているのがわかった。妻が僕の手を握り、他のみんなも僕の顔を覗き込んでいるようだ。

「あなた、しっかりして！」

「こんな病気になってしまって……、かわいそうに」

ああそうか、僕は今日、死んでいくのだ。

妻が、

「わたし、何もしてあげられなくて、ごめんなさい……」

と嗚咽をもらす。

僕の父、母、そして兄弟も駆けつけていて、

「頑張って。死なないで！」

と声をかけてくれている。そして口々に、

「こんなに早く……まだ死にたくないと言っていたのに」

「神様お願いします。もっと生かせてあげてください」

「まだこんなに若いのよ。あれからたった1年ぐらいでこんな……あんまりじゃないですか。この子が何をしたというんですか！」

と泣きながら言うのを聞いていた。

病室は、悲しみや後悔と、怒りと絶望で満たされていた。


僕は、かすかに目を開いた。

すると公園にいたあの赤い服の女の子が、傍に立っているではないか。

「おじさん、こんな死に方がいいの？　こんな死に方を望んで地球に来たの？」女の子の声が、直接頭の中に響いてきた。

（こんな死に方……そうだ、本当に僕はこんな死に方でいいんだろうか？）

そう思った瞬間、僕は再び黒い闇に飲み込まれた。

∞

次に目を開けると、僕は柔らかいクッションを当てがい、サンルームで心地よい光を浴びていた。

傍では妻が微笑みを湛《たた》えて僕を見つめている。

サンルームの外には、妻が育てた色とりどりの花が咲き誇り、手前の方には美しい盆栽がたくさん並んでいた。

その庭はまるで、天国のようだ。

周りには家族たちもみんな揃っている中、妻が穏やかな声で話しかけてきた。

「あなた、いい人生が送れたわね。

前はお店が忙しくて趣味も持てなかったけど、本当はずっと、盆栽をやりたかったのね。

病気になってから盆栽の勉強を始めて、詳しくなった今はまるで盆栽博士だわ。

ほとんど手が動かなくなってからも、盆栽を見ればニコニコしてくれたね。愛おしそうに眺めて、いつも目がキラキラしていた。

あなた、もしこの病気じゃなかったら、もっと生きられたかもしれないし、クリーニングの仕事もずっとやっていたかもしれない。

けれど、あんなに熱心に心優しく、盆栽と接する時間が持てたかしら。

きっとあなたは、命が長くないとわかったから、今、この時の瞬間に、盆栽の命と一生懸命に交流していたんだわ。いっときも逃がすまい、って全力で気持ちを向けているのがわたしにはわかった。

だから、あなたが育てた盆栽はいつも元気だった。他の人たちの盆栽よりも、ずっと生き生きとしていてエネルギーがすごいの。そして、盆栽の生命力が、きっとあなたを応援していたんだね。あなたはあまり落ち込むこともなく、その日一日を精一杯生きていた」

僕は、

「この病気になるまでは、長生きすることが幸せだと思っていた。

時間がたくさんあればたくさんのことができるから、人生という時間が充実するのだろうと。

しかし、それは違うということがわかったよ。

この病気になってから、以前から興味のあった盆栽と接するようになった。毎日眺めていると、『この盆栽も今を一生懸命生きている』と思うようになったんだ。

盆栽は何も言わない。不平不満も言わないし、何も楽しみはないように見えた。

ただそこにいるだけだ。それなのに、すごく生命力を放っているんだ。

それを見ると、ただ長い人生を望むことより、その瞬間を全力で生きられることのほうが、どれだけ充実した人生になるかと思ったんだ」

と言った。

父も話しかけてきた。

「お前は、勇気ある息子だ。魂が勇敢なんだね。

わたしは、きっとお前が『人の人生は、長さではない。短い人生の中でもどれだけ命を燃やせるかだ』ということを、みんなに示すために生まれてきたんだと思うんだ。

そしてそれを、自ら体験しにやって来たんだ。それがお前のテーマだったんだね」

妻はそっと、

「わたしのことは大丈夫よ。あなたの思い出と、あなたの丹精がこもった盆栽に囲まれて、これからも生きていけるわ」

と言い、父と母は、

「勇敢な息子を誇りに思うよ。お前は、永久にわたしたちの魂の中にいるよ」

と言った。

静かに死に近づく僕の周りは、光と幸福で溢れていた。

僕は今、大きな幸せに包まれている。

僕の命は今まさに尽きようとしているけれど、恐怖心はなかった。むしろ、次の世界への興味が湧いてくる。

僕はこれを学ぶことが今生のテーマだった。魂がステップアップしたのだ。

この魂で迎える来生は、一体どんな世界なんだろう。すごく楽しみだ。


命の炎が最後の輝きを放ち、そして消えていく中に見えた花々の中で、赤い服の女の子が、嬉しそうにぴょんぴょんと飛び跳ねていた。

そして、

「ワタシは宇宙人のあなたよ。

ね？　いい人生だったでしょ？」

という声が、光が消えかけた穏やかな薄闇に響いた。

88次元ドクタードルフィンからの視点

難病を患った小林拓人さんの宇宙人は、赤い服の女の子でした。

この筋萎縮性側索硬化症という病は、数ある難病の中でも最も難度が高いという、死に直結する病です。

ですから、この病気を選んで生まれてきた人は、魂の勲章に値します。それほど、魂の勇敢さが抜きん出ているのです。

高次から見ても、最も勇敢で優れていると讃《たた》えるべき魂で、とてつもなく大きな進化・成長を遂げられる学びが得られるのです。

逆に、今生は小さい進化・成長でいいと設定している人は、それほどは苦しくない病気を選んでいるのです。

短くても辛くてもいい、大きな進化・成長を遂げたいという人は、こうした試練を選んで来ています。

病気になる原因というのはすなわち、その試練を選択したからなのです。

あなたが人生で体験することは、全て『善』。

『これは善だがこれは悪である』という見方はやめて、『全てが善』と受け入れて生きてみましょう。

story 3 いじめ

愛実《まなみ》は、小学1年生のとても可愛らしい女の子だ。

小学校に入る前は、名門といわれる幼稚園に通っていた。地元の名士の子息がこぞって通うような幼稚園で、穏やかでのんびりとした校風だった。

愛実は競争意識に苛《さいな》まれることもなく、友達もたくさんいて、楽しく充実した幼稚園生活を過ごしていた。

愛実の家は裕福で、両親は一人娘の愛実をとても大切に育ててきた。

たまたま習わせたピアノで愛実が頭角を現したことで、喜んだ両親は専属のピアノ講師をつけて、毎日練習をさせていた。その甲斐あって、愛実は幼児のピアノコンテストで入賞するほどの腕前になった。

他にも、最新のメソッドの塾に通わせるなど、才能を伸ばすためならと、両親は愛実の教育に心血を注いだ。

幼稚園も年長になり、小学校入学を控えて、

「やっぱり愛実にはいろいろ経験させたほうがいいだろう。地元の公立校にまずは通わせたい。無理して遠くの私立へ通わせて登下校に時間を取られるよりは、地元での通学は時間もたっぷりあるから習い事もたくさんできるだろうし。友達も、地元のいろいろな環境の子と接して世間を知っていくことも大事だからね」

大学まで公立校に通った父がそう言った。

母は、ずっと私立の一貫校に通っていたため公立小学校についての知識はあまりなく、近くの同い年の子どもが集まる、幼稚園と変わらず楽しく学べるところだと思っていた。

可愛らしいランドセルも買い、何の問題もなく卒園。

4月、桜が舞い散る中での入学式だった。

見渡してみると知らない顔ばかりだったが、愛実は期待に胸を膨らませていた。

「小学校ではどんなお友達ができるかなあ?」

小学校への通学が始まって、1週間が経ったが、愛実の様子がどうもおかしい。

授業が終わって帰宅する愛実の顔は暗く、話もしない。

「小学校は、あんまり楽しくないな……」

と元気なくつぶやいた。

3週間経つ頃には、朝、

「学校に行きたくない」

と言い始めた。心配した母が、

「愛実、どうしたの？　小学校で何があったの？」

と聞くが、なかなか話さなかった。

子どもが話さなければ、学校でのことはなかなかわからない。

小学校は幼稚園のように登下校の送り迎えがないため、保護者が頻繁に出入りすることはない。保護者同士で話す機会もあまりないので、状況が掴みづらいのだ。

まして愛実は名門幼稚園からたった一人で公立小学校に通うことになったため、情報をくれるような、ママ友もいなかった。

元気がなくなっていく愛実が不憫《ふびん》で、母はあの手この手で何とか話を引き出そうとした。

そんなことが3日も続くと、ようやく愛実も少し話し出した。

幼児ピアノコンテストに入賞したことが、同じクラスお友達に知れたのだそうだ。

それがやっかみの対象になったようで、いつものように、教室のピアノを弾いていると、

「いい気になって、ピアノ弾いてるんじゃないわよ！」

と5人の女子に囲まれて言われたのだそうだ。

そこから、いじめが始まっていた。

愛実は、ピアノを弾くことで人から疎まれることがあるということが、よくわからなかった。

「いい気になっている」と除け者扱いされるという感覚もよくわからない。

おそらく、毎日のようにピアノ講師からレッスンを受けていることも、塾に行っていたおかげで同学年より勉強ができることも、容姿が可愛らしいことも、周囲の嫉妬を煽《あお》る要因だったのだろう。

ピアノは、難癖をつけるための単なる口実だったのかもしれない。

しかし、愛実にはそんなことはわからない。

気がつけば、周囲から孤立していた。

「誰も仲間に入れてくれない。口もきいてくれない。だから、学校に行きたくないの」

幼い子にとっては、『嫉妬』はとても難しい問題である。

愛実は、悪いことは何もしていないのだから、理不尽な扱いにただ沈黙してしまった。

その日の朝も、愛実は、

「学校にいきたくない」

と言った。

食欲もなく、母が作ってくれたパンケーキとオレンジジジュースに全く手をつけなかった。

「ねえ、愛実。お母さんが一緒に行ってあげようか」

と母は優しく言った。

「……お母さんと一緒だと、弱虫とか悪口を言われちゃう。一人で行くよ」

そう言ってため息をつくと、愛実は自宅を出た。

背中を丸め、トボトボと下を向いて歩く。学校に着いてからの1日を考えると憂鬱だった。

その愛実の前方で、どこからか飛んできた美しい黒アゲハ蝶が、くるくると舞い始めた。

ひらひら、ひらひら。

まるで喋りかけるように、気を惹《ひ》くように飛び続ける黒アゲハ蝶を、愛実はじっと見ていた。

黒アゲハ蝶は、愛実の肩に止まった。すると、

「愛実ちゃん、学校に行くのつらいね。しんどいよね。

でもわたしは、あなたが何でもできるのを知っているよ。

とっても素敵な女の子だってわかっているよ。

今は大変だけれど、きっといいことがあるからね」

という優しい声が頭に響いた。

まるで、黒アゲハ蝶が喋ったようだった。呆気にとられている愛実の肩から、黒アゲハ蝶が

パッと飛び立ち、空に舞い上がっていくのを見上げたその先に、くるくると渦巻く黒い渦があった。

見上げたまま、愛実はその渦に吸い込まれていった。

∞

愛実は、違う小学校にいた。

どうやら転校したらしい。この学校では全くいじめられることがなかった。

ただ、やはり仲間に入れてもらえていない。

無視されているというよりも、誰も愛実に「反応してくれない」のだった。

通りかかっても誰も愛実の顔を見ることがない。自分から話しかけても、聞いている素ぶりもない……あのときの黒アゲハ蝶だけが、愛実の存在を知っているかのように肩に止まっていた。

「わたしはもしかして、みんなに見えていないんじゃないかな」

と、蝶に語りかけた。

そのときに、愛実は思い出したのだ。

前の学校ではいじめに遭っていたけれど、自分の存在は認めてもらっていたと。存在すら認識してもらえないのは、こんなにも寂しいことなのだ。

すると、肩に止まっていた黒アゲハ蝶が、ゆっくりと羽を動かした。

「愛実ちゃん、寂しいね。全く存在を知られないって寂しいよね」

優しく声が響いた。愛実は、

「うん、寂しい。寂しいよ」

と言って泣き出した。

突如、頭上に黒い渦が広がり、愛実はまたその渦に飲み込まれた。

∞

気がつくと、愛実はまた違う学校にいた。

教室前の廊下で5人の女友達と一緒に、一人の女の子を取り囲んでいた。仲間の一人の女の子が、

「あなた勉強できるからって、いい気になってるんじゃないの？」

と言い始める。それを皮切りに口々に、

「だいたい偉そうだよ。みんなよりできるって思ってるでしょ」

「態度が悪いのよ」

「この子、うざいよね」

と、辛辣な言葉の矢を放つ。

女の子は泣いていた。消えそうな声で、

「そんなつもりはないのに」

と言っていた。


一人で家に帰ってきた愛実は、途端に罪悪感に襲われた。

心が痛い。

友達といたからあの子をかばうこともできなかったが、一人になって改めて考えてみると、なぜみんながあんなことを言ってあの子を追い詰めたのかよくわからなかった。

勉強ができることは悪いことではないのに、なぜいじめに遭わなければいけないんだろう。

わたしは、なんでみんなに同調したんだろう。

あの子の泣き顔と消えそうな声を思い出して、愛実は堪らなくなった。

心が重苦しい。

一人ベッドに転がって罪悪感に苛まれていると、窓からひらひらと黒アゲハ蝶が舞い込んできた。そしてふんわりとベッドの端に止まると、

「愛実ちゃん、わかったかな？

いじめるっていうことも結構辛いことでしょう。

いじめる側も結構エネルギーがいるんだよね」

と言った。

「うん、そうだね。いじめられるのは悲しいけど、いじめるのもとても嫌な気持ち」

そう言った途端、黒アゲハ蝶が止まったベッドの端から黒い渦が口を開けて、愛実を吸い込んだ。

∞

ふと目を開けると、憂鬱な気持ちで登校した、元の小学校に戻っていた。

女の子たちはみんな、また愛実を取り囲んで難癖をつけていた。

「学校で一番ピアノ上手いからって偉そうにしてさ」

「感じ悪いよねー」

「音楽の時間でもないのに、ピアノ弾いて見せつけて、ヤな感じー」

愛実は口々に嫌味を言うクラスメイトの顔を、端から順に眺めていた。

そのときに、愛実は気づいた。

注目されているから、いじめられるんだ。存在を認められているんだ。

違う学校でいじめる側の体験もしてきたが、いじめる側の心の呵責も相当なものだった。

もちろんいじめられる側の苦悩も大きい。

それぞれどちらにも、心の問題がのしかかってくる。

お互いの立場を慮《おもんぱか》り、辛さを理解できれば、いじめる側にもいじめられる側にも魂の成長がある。

お互いが成長するための、試練を乗り越えるという学びなのだ。


黒アゲハ蝶がまたひらひらと飛んできて、愛実の頭上を旋回した。

「愛実ちゃん、すごいことに気がついたね。

いじめる側、いじめられる側、そういう対立があるほうが、お互いに気づくことや学びが多いんだよ。

表面的な仲良しより、喧嘩をしたり誤解されたり、トラブルを経験して、それを乗り越えたときのほうが得るものは遥かに大きいんだ」

黒アゲハ蝶は愛実の目の前に舞い降りて、

「愛実ちゃん、ワタシはね、宇宙人の君だよ。君が大事なことに気づいてくれてよかった」

と言って愛実の周りを遊ぶように飛んだあと、大きく開かれた窓から光のまぶしい外へ飛び立って行った。

88次元ドクタードルフィンからの視点

1年生の愛美ちゃんの宇宙人は、黒アゲハ蝶でした。宇宙人が人の形をしているとは限りません。

いじめるのもいじめられるのも、宇宙での約束です。お互いに学ばせ合い、さらに周囲にも学ばせるという役割があるのです
いじめる人間は、いじめることで生じる葛藤から反省し、成長させられ、いじめられたほうは、落ち込んでつらい思いをしつつも、多くを学べるのです。

そして、いじめという現象を見る親たちも、そこから学びます。

いじめる側が悪で、いじめられる側が善という地球の考えは、実は正しくありません。学ばせ合

うという意味において、どちらも善なのです。
愛美ちゃんがつらいとき、黒アゲハ蝶が話しかけてきましたね。
本当に信頼できるような友や、心から頼れる人がいない人に捧げたい言葉があります。
それは、地球人の友、大事な人という存在は、絶対に必要なわけではないということ。
あなたには、「アナタ」という宇宙人が常についています。
地球人の友達がいなくても、孤独を感じなくていいのです。

story 4

夫婦問題

わたしたちは杉並区の閑静な住宅地の一角で暮らしている。大きな公園がある静かなこの街を気に入り、5年前にマンションを買った。

低層マンションばかりで空が広く、落ち着いた地域だ。

共に30代後半の夫・佐伯真《さえきまこと》とわたし和子《かずこ》、10歳の息子の尊《たける》、8歳の娘の美香《みか》の4人家族。

周囲の環境をよそに、我が家は平穏とは言い難い。夫とわたしの諍《いさか》いが絶えないからだ。

原因はその時々で様々だが、おそらく性格が正反対なのが根本的な原因だろう。

夫は常に現実的で、計画的に将来を考えるタイプだ。また、計画した通りに運ばないときにはとても機嫌が悪くなる。

5年前に分譲マンションを購入したときから、さらにその生真面目さに拍車がかかったようで、悪いときには手を上げることもあった。

わたしは、今を楽しみたいタイプである。楽観的というのだろうか、今が楽しければ将来もうまく運ぶだろうと考えている。

結婚した当初は、お互いの価値観の違いに目をつむって過ごしていたが、最近は口喧嘩が絶えない。

あるとき、ふと、

「わたしの人生って何だろう」

と思った。

子どもたちは幸いにも、二人ともおっとりして手のかからない子たちだった。

ある程度大きくなったことだし、わたしも何か趣味でも始めようかと思ったのだが、何もやりたいことがないことに気がついた。興味を惹かれるようなことも、何も思いつかない。

ずっと、育児にばかり追われてきたからだ。

夫は仕事ばかりで、あまり家にいない。

ゴルフが好きで、仕事、プライベートに関わらずよくプレイに行っていた。

(わたしは家にばかりいるのに、あの人は自由に外に出て、趣味を楽しんでいるのよね……)

わたしには、これといった楽しみも何もない。

子どもたちが一人立ちしたあと、わたしが生きていく意味とは何だろう。

（わたしは、何のために生まれてきたんだろう？）

そんなことを考えるようになった。


ある日、街で手に取ったチラシに、「退行催眠セミナー」とあった。

退行催眠とは、記憶をさかのぼって、トラウマになった出来事の過去の状態まで戻すことでそのトラウマやコンプレックスを解消する心理療法だそうだ。

自分が生きる意味を探していたわたしは、

「わたしの中の無意識のトラウマが解消されたら、人生も変わってくるかもしれない。味気ないように思える今の生活だって、きっと何か意味を持ってくるはず」

と、そのセミナーへの参加を申し込んだ。


セミナーには、20人程度の参加者がいた。

退行催眠では、わたしは過去生で人々を癒やす、いわゆる「ヒーリング能力」を持つ人物だったらしい。

「あなたはヒーラーの中でも、かなり優秀なヒーラーだったようね。

今生でも、潜在的な力はまだ残っているわ」

セミナーの講師がそう言った。

今でもトレーニング次第では、ヒーラーの才能を開花させることができるという。

人を癒やすということに意義も感じ、なにより素養があると認められたのが嬉しかった。

そのセミナーの主催団体は、ヒーラー養成セミナーも行なっていた。

わたしはさっそく、そのセミナーに通ってみることにした。


ヒーラー養成セミナーにかかる費用は馬鹿にならなかったが、自分の存在意義が認められるようで、わたしは熱心に通っていた。

ヒーラーを目指していると、現代西洋医学の薬や病院での治療は、とても胡散臭く思えて体調が悪くても薬などは服用せずにいた。

今まで平日も休日も、スーパーの買い物くらいしか外出してこなかったわたしがいそいそと出かけていくのは、夫には不審に映ったらしい。

10月も半ばに差し掛かり、家族で受けるはずだったインフルエンザの予防接種も受けないと言ったわたしに、夫は詰問をしてきた。

「最近、外出で結構な金を使っているみたいだが、何をしているんだ。

去年、インフルエンザが大流行したときに、予防接種を受けないと症状が重くなるからと、今年は家族みんなで受けると言っていたじゃないか。

最近は風邪気味になっても薬も飲んでいないようだが、なぜなんだ？」

わたしは正直に、退行催眠セミナーで言われたことや、自分の才能を開花するために、ヒーラー養成セミナーに通っていることを話した。

その途端、夫は激昂した。

「お前は何をやってるんだ！　そんな怪しげなものに通って！　ヒーリングなんて、そんなものは嘘に決まっているだろう！

薬を使わずに治すだなんて、非科学的なことを……自分が何を言っているのかわかっているのか？

子どもたちだってまだ小学生なんだ。そんな馬鹿らしいことは今すぐやめろ！」

頭ごなしにそう怒鳴る夫に、

「絶対にやめないわ！　わたしには才能が眠っているのよ！　わたしにだって、自分の才能を生かして意味のある人生を送る権利がある！　やめろというなら離婚する！」

と怒鳴り返した。

すると、夫は憤怒の形相で手を振りかぶり、思い切りわたしの頬を張った。

打たれた衝撃と痛みで座り込み、呆然として見上げると夫は肩で息をしていた。

一部始終を見ていた子どもたちは、揃って泣き出した。

(しまった。子どもたちにこんな修羅場を見せてしまった……)

尊が泣きながら近寄ってきて、夫に張られた頬を撫でてくれた。

「ママ大丈夫?」

優しい子だと思いながら、

「うん、大丈夫よ……」

と言いかけたそのとき、子どもたちが立つカーペットから、突如黒い空間が立ちのぼり、やがてそれは渦となった。

そしてわたしは、次の瞬間そこに吸い込まれていった。

∞

わたしは、リビングのソファに座っていた。ひどく頭痛がするので、こめかみをゆっくり揉む。

そして、ため息をついた。

我が家には、大きな悩みがある。

夫が新興宗教にはまってしまっているのだ。

夫の稼ぎもボーナスも、わたしがパートをして細々と貯めている子どものための進学資金も、お布施だ何だと言って持ち出してしまう。

生活費も削らなければならないほどだった。

何度も、

「あなた、そんな怪しげなものを信じないで目を覚まして。生活費まで持っていかないで！子どもたちだって、まだ小学生なのよ！」

と言ったが、

「怪しくなんてないよ。宗教には、生きるために必要な素晴らしい学びがたくさんあるんだ」

と全く聞く耳を持たない。

あるときに夫が、

「君も一度、集会に参加してみなよ。きっと教えの素晴らしさがわかるから」

と言うので、夫を惑わす宗教がどんなものか気になっていたわたしは、意を決してついていくことにした。

子どもは実家に預かってもらい、夕方から行なわれるというその集会に向かうと、それは、何の変哲もない貸会議室で行なわれていた。

会議用の長机が用意され、一つのテーブルに2、3人ずつが着席している。

参加者はみな、柔和な笑顔を湛えていた。

白い衣装を着た講師と思《おぼ》しき人物が入ってきて、ハンドマイクで話し始める。

内容は、「人生を充実させ、幸せになるにはどうしたらよいか」といったテーマだった。

幸せになると信じてそれを実践し、実践者本人が満足し納得できるのであればそれはよいと思う。

しかし、わたしが不審に思ったのは、

「寄付や献金をたくさんした者が救われる」

「伝道人数を増やして、実績を残した者には特にサポートがいただける」

といった話だった。

素晴らしい教え、みんなが幸せになる教えならば、金額によって恩恵の違いがあるというのはおかしいだろう。

そう思いながら聞いていると、隣に座った老婦人が耳元に顔を寄せてきた。

そしてそっと、

「ねえ、あなた。この地球ではいろんな考え方や生き方があるわ。

でも今の地球人は、どういった生き方が正しい、正しくないという画一的なことばかり言う。

本当は、正しいも正しくないもないのよ。何をしても、全てはその人の魂の学びのためにある。行動から学ぶのだから、全てのことはやったほうがいいの。

やる前に悩むより、経験したあとが大事なのよ」

思っていることを見透かされたようで、ギョッとして見ると、その老婦人はわたしを見据えてニヤッと笑った。

すると老婦人の頭上に大きな黒い渦が湧き、わたしはその渦に巻き込まれた。

∞

わたしたちは、よく人から「良い夫婦だね」と言われる。

尊と美香という二人の子どもに恵まれて、夫とも諍いもなく平和な毎日だ。

夫もわたしも趣味もなく真面目な気質で、お互い同じような思考をしている。

性格がよく似ているため、喧嘩にもならない。

他人はわたしたちの夫婦仲を最高だというけれど、話し合わなければならない機会があっても議論にもならないことが不満だった。

真摯に、率直に話し合えているのだろうか？　と。

話し合いとは、二人で問題に向き合い、お互いの言葉で確認しながら、良い結果へと昇華させるものではないだろうか。

わたしたち夫婦の会話は、単なる意思確認のようなものだ。

二人で切磋琢磨して問題を乗り越えるような、当たり前の協力をしていないのに、はたして良い夫婦といえるのだろうか。


ある日、洗濯物を畳んでいると、美香が近づいてきた。

「なあに？　どうしたの？」

と聞くと、娘はじっとわたしの顔を見つめて、

「ねえママ。ママとパパって仮面夫婦なの？」

と言った。

「えっ……」

わたしは絶句した。わたしたち夫婦の本当の姿を、はっきりと言い当てられた気がした。

言葉を失ったまま視線をベランダの方に逃がすと、窓に大きな黒い渦が浮かんでいた。

気がつくと、わたしは夫に頬を張られて、リビングにうずくまっていた。

目の前で、夫が肩で息をしている。

しかし次の瞬間、苦しげな表情を浮かべ絞り出すように話し出した。

「ごめん、手を上げてしまって。痛かったよな、本当にすまない。

でも、こうでもしないと、君は思い出してくれないと思ったんだ。

ボクと君が地球にやってくるずっと前……覚えているかな。

宇宙空間で、お互いが身体を持たない魂だったときだ。

地球で一緒になろうねと約束したんだよね」

その言葉を聞いた瞬間、様々なことが思い出された。


「そうだったわね」

わたしはそう言って、夫と共に地球を見つめた宇宙空間に思いを馳せた。

「あなた、わたしと一緒になって『最高の夫婦をやって地球に学ばせる』なんて言っていたわ」

夫は照れくさそうに、

「そんなことを言っていたな。そのときに約束したのを覚えているかい？

ボクはガチガチの地球人タイプをやるって。常識と固定観念でガチガチの融通がきかないタイプ。

だから君には、ボクの真逆のタイプをやってくれって頼んだんだ。自由に生きるタイプ、目に見えない世界を大事にするタイプだ。

だから喧嘩もするだろうし、子どもを泣かせることもあるだろう。ボクは暴力も振るうかもしれない。

でもそれを、やりきらなければならないんだ。

やりきったときにお互いを憎むのではなく、お互い学ばせ合い『ありがとう』という、そうしてそれぞれの役割をこなしたことを認め合うことが必要なんだ」

そう言うとまっすぐにわたしを見つめた。

わたしも夫を見つめる。

今までの怒りに張り詰めた表情は消え、慈しむような表情が広がった。

初めて見せる表情だった。

「ありがとう」

そっとそう言うと、夫の頬に涙がこぼれた。

「和子……やっと認め合えたね。

約束を、思い出してくれてありがとう。ボクは、宇宙人の君だよ」

88次元ドクタードルフィンからの視点

佐伯和子さんの宇宙人は、ご主人と子どもたち、そして新興宗教のセミナーで隣に座った老婦人でした。

「夫婦」というのは、抜群の学びの舞台です。

今生のパートナーとは、宇宙から地球に入ってくるときに、「夫婦になろうね」と約束しています。

そのとき、全く違う性質を持った魂のエネルギー同士が、夫婦になる場合が多いのです。

ソウルインの記憶がないため、地球で恋愛しているときは本性を出さない場合が多いですね。

結婚をして、本性が出てくると知らなかった一面がわかって「こんなはずじゃなかった」ということになります。

しかし、それもあなたが、そういうことからもお互い学び合おうと約束してきたのです。

実は、全く逆のエネルギー同士のほうが、より学び合えるのです。

大変な状況に陥《おちい》りがちですが、そういう夫婦はたくさんいます。

親子というのはDNAがつながっているため、多少無理があることでも受け入れられますが、夫婦というのはもともと全くの他人であり、地球的にいうと「たまたま知り合って一緒になった」だけなので、うまくいくのは相当難しいのですね。

夫婦の最終的な学びとは、『お互いを認め合うこと』です。

全く違うタイプ同士は、最初にお互いを否定し合います。

夫婦となって一つ屋根の下、相手を否定して、自分は否定される日々はとても疲弊しますが、それこそが学びです。

地球には試練を経験しにきているので、お互いにぶつかり合うことを想定して夫婦という関係性を築くのです。

ぶつかったり、うまく折り合えず反対を向き合いつつも、「お互いが学ぶ」ということが一番の学びなのです。

相反したエネルギーで学び合えたときに、魂は飛躍的にレベルアップします。

これが、夫婦が争うことの醍醐味です。

story 5

破産

わたしは中村憲二《なかむらけんじ》、50歳。

今ではくたびれた中年男だが、若い頃は大層な夢を抱いていた。

有名大学にトップ入学、そして卒業し、一流企業で出世頭となって、当然給料も群を抜いている。数年で資金を作って起業し、若くして社長となる。

――しかし現実は厳しい。

大学受験はことごとく失敗、やっと何とか三流大学に滑り込めたものの、自信もなくうだつが上がらない。

案の定、大企業なんて箸にも棒にもかからず、三流企業に入社した。

最初のうちは、その会社でも何とかやりがいを見つけてやっていこうと思ったものだ。だが給料も上がらず、諦めの境地の中で淡々と日々こなしてきた。

家庭を持ったが、二人の子どもができるとさらに保守的になり、大した夢も抱けなくなっていた。

ようやく子どもたちも成人した頃、わたしは50歳になっていた。

子どもが手を離れたし、残りの人生をどうしようかと考えたとき、あと10年後に迎える定年までのコースが明確に見えた。

これから給料が上がることも、地位が上がることもありえないだろう。この先も、限られた時間の中で、ちまちまと限られたことしかできないという現実。

(ああ、わたしの人生は、本当につまらなかったなあ)

趣味といえるものもなく、会社帰りにちょっと一杯、同僚と飲むくらいがささやかな楽しみで、日曜日は家でゴロゴロしている。

そんなある日、会社から早期退職を持ちかけられた。

早期退職をすれば、退職金を優遇してくれるということだった。まとまった額のお金に目がくらんだようになり、わたしは早期退職を受け入れた。

するとどこから聞きつけてくるのか、銀行口座に退職金が入った途端に、証券会社を名乗る電話がかかってくるようになった。

「資金運用を考えませんか？」

「未公開株で、退職金が倍になりますよ」

「面倒な運用は、全て弊社にお任せください！　絶対に損はさせません！」

などなどの巧みな誘い文句につられて、退職金を全て任せてしまった。

「こちらは利回りがいいですよ。リスクは高いですけれど、時流に乗っているところなので、必ずいけます！」

そんなような説明をされたが、どうやって運用していたのかも、正直全くわからない。

気づけば、わたしの退職金はスッカラカンになっていた。

妻とのささやかな旅行にすら行けない。

なんということをしてしまったのだ……。

大金を失ったショックで、わたしは酒をひたすらあおるようになっていた。

（あの若い証券マンは、退職金が倍以上になると言っていたんだ。まだ小さいけれど時流に乗ってる企業の株だから、絶対に大丈夫だと言って。

あの若造め、長年あくせく働いて苦労して手にした人の金を好き勝手にしやがって……）

「馬鹿野郎！」

叫びながら仰いだ天井は、ぐるぐると回っていた。酒を飲みすぎたようだ。

そのぐるぐる回る天井の真ん中に、黒い空間が広がっていった。どうやらかなり酔っ払っているらしい。

わたしはその空間に、スッと吸い込まれた。

∞

気がつくと、わたしは高層マンションの最上階にいた。

ドバイの高層マンション……ここはわたしの住まい。

わたしは成功者だ。

学生時代にかじっていたプログラミングの能力で、気軽に使えるコミュニケーションソフトを作り、インターネットで無料配布したところ爆発的に広まって莫大な広告収入を得た。

それを資金としてソフト開発会社を起業すると、シンプルで扱いやすい我が社のソフトは、Facebookなどのオープンソースに馴染めないユーザーから根強い支持を得た。スマートフォン版アプリも開発して、さらに世界中に広まった。

わたしは50歳で、億万長者になった。

もはや我が社のアプリを知らない人はいないだろう。

著作権を手放していないので、黙っていてもお金がどんどん口座に振り込まれてくる。

昔からいつも、お金が向こうからやってきた。お金に困った記憶がないのだ。何の不自由も、不足もない人生。

知名度も高く、お金で買えるものは全て手に入れることができる、誰もがうらやむような生活。

しかし、この虚しさは何だろうか。

最高級の車に乗ろうが、自家用ジェットを所有しようが、ドバイで一番のマンションに住もうが、我が社が世界中で知られる大企業になっても、満たされない何かを抱えていた。

わたしには美しいパートナーがいる。結婚はしていないが公私ともに支えてくれる大切な存在だ。豊かな長い黒髪が華奢《きゃしゃ》な背中で揺れ、黒目が大きすぎるほどの美しい瞳がわたしを見つめる。彼女は美しいだけではなく、高い知性も備えた完璧な女性だった。

わたしは彼女を愛していた。

ドバイを象徴する「バージュ・アル・アラブ」にある、いきつけのリストランテで彼女と食事をしていたときのことだ。

「あなたは、大成功したわよね」

と、彼女がシャンパン越しにわたしを見つめながらつぶやいた。

「でも人として、とても大事なことを手に入れられなかったことに、気がついている？

あなたは富や名声……人間が望むありとあらゆるものを、簡単に手に入れてきた。でも、本当の自分の幸福とは何か、を知らずにいる。

良くも悪くも孤高の存在。

誰とも、何も分かち合わない。

人間として一番大切なものは手にしていないの。

あなたは、それを知らずに生きてきたのよ。

ねえ、あなたって今、本当に幸せなの？」

愛する彼女に言われた言葉は、わたしの心を鋭く抉《えぐ》った。

ときおり感じる虚しさの正体に気づいてしまったら、そのまま不幸に襲われる気がして、目をそらし続けていたのだ。

何もかも持っていると思っていた自分は、間違っていたのか。

一番大切なものは、いつ自分の手をすり抜けてしまったのか。

思わず見上げた豪華な装飾の天井がぽっかりと開き、真っ黒な渦が見えた。

わたしは声もなくそこに吸い込まれていった。

∞

目の前には、山が連なるのどかな風景。

わたしたち家族は、長野の山奥でひっそりと暮らしている。

近隣には他に民家のない、道路に出るにも一苦労な深い森の中だ。

わたしと妻と一人の子どもと、1匹の犬が家族だ。

季節で移り変わる景色に感嘆し、日々変化する風の音を聞き、太陽の輝きに感謝をし、生き物たちの営みの中に、わたしたち家族も溶け込んでいる。

森羅万象を全身で受け止め、生きていることを実感する日々だ。

お金はほとんどないが、わたしも家族も困らない。この生活には必要なかった。

心豊かに過ごせるこの暮らしが、人間として最高の幸せだと思う。


ある日、一人の男がやってきた。

「一晩泊めていただけないでしょうか?」

山道で遭難しかけたところ、わたしの住まいの灯りが見えたのだという。

普段は誰も来ないような山奥だ。

日が暮れて迷っていたようで、道もないような森の中を長時間歩き回って疲労困憊《こんぱい》の様子で、滑落したのか怪我もしていた。

「それは大変だったね」

わたしは彼を快く招き入れて、怪我の手当てもしてやった。

次の日、彼は、

「泊めていただいてありがとうございました。昨晩は、闇雲に歩き回って怪我をしてしまって……あなたに泊めていただけなかったら、わたしは遭難して死んでいたでしょう。あなたは命の恩人です。

お礼にこれを受け取ってください」

と、大金を差し出してきた。

「自分は事業に成功していまして、お金はたくさんあるのです。なので、遠慮なさらず受け取っていただけませんか」

その大金を前に、わたしの気持ちは少しも揺るがなかった。

「いや、わたしは今、この生活でお金を使うことがないんだ。ここにはお金で買えるものは、ほとんどないのでね」

そう断った。だが、彼はどうしてもお礼がしたいと言う。

何でもすると譲らないので、家から夕日が見える方角を遮っていた、巨木を切り倒すのを手伝ってもらった。

一人ではとうてい無理だったが、手伝ってもらうことで切り倒すことができた。

これで毎日、家にいても家族で美しい夕日が見える。

彼からのお礼はなによりのものだった。

立ち去る背中を見送って振り返ると、そこにまた黒い渦が広がって、わたしを吸い込んでいった。

∞

目の前には、あの証券マンが立っていた。

「今、いろいろ経験してきたでしょう。

億万長者の気分はどうでしたか？

あなたは、お金さえあれば幸せになれると思っていた。

金額の大きさは、幸せの大きさだと思っていたでしょう。

お金のために、趣味も持たず毎日を繰り返していた。

しかし、あなたはだまされて大金を失ってしまったね。

でも、お金があっても本当の幸せは掴めないこともある。よくわかったでしょう？

あなたは、『地球で生きていくために一番大切なのはお金ではない』ということを学びに来たんだ。

もし、この世にお金が存在しなかったら、あなたが一番欲しいものは何？」

そう言って、わたしの顔を探るように見た。

もし、お金がなかったら……。

「わたしは本当に楽しめることをやりたい。本当は。ずっとやりたかったことがある。

陶芸をやりたかったんだ。昔は、陶芸家で身を立てたいとまで思いながらやっていたけれど、生活のために続けることができなくなってやめてしまった。

人生ずっと、安定した収入のことばかり考えてきた。陶芸をやめて楽しみがなくなってしまったけれど、しょうがないと思っていたんだ……」

廻るろくろと静かに向き合うのは、自分自身と向き合うようでもあった。窯から出すときはいつも、釉薬《ゆうやく》によってガラリと変わる様子にワクワクした。

その感覚を思い出し、わたしの心はほっこりと温かくなった。

「一番心がワクワクできるもの、楽しめるものをあなたは自分で見出す必要があった。自分に素直になれば、あなたには自然にお金がやってくるでしょう。

心のままに熱中すれば、お金はあなたが生きていくだけ、もしくはそれ以上のものとしてやってくるよ。

だから、自分の心が楽しめるものを一生懸命にやる、ということが肝要なんだ。

それがやっとわかったようだね」

そう言って、証券マンは微笑んだ。わたしは問いかけた。

「……あなたは、本当は誰なんですか？」

「ワタシは、宇宙人のあなただよ。

またどこかで見ているよ、地球人のわたしをね」

88次元ドクタードルフィンからの視点

破産してしまった中村憲二さんの宇宙人は、証券マンでした。パラレルで出会った魅力的な女性も、彼の宇宙人です。

中村さんが最初に渦に巻き込まれたとき、その場に宇宙人はいませんでしたね。しかし、見守っていたのです。

姿を見せずにそっと見守っている宇宙人もいるのです。

破産というのは、作り出したものを全て壊してしまうことです。

日本は、豊かに育んできたものを戦争で全て失い、そこから奇跡的な再建を果たし、さらなる飛躍を遂げました。

しかしその後、もっといい思いをしようと欲張って、バブルだった経済が破綻してしまいましたね。

わたしが提唱する「平和的破壊」という、新しい言葉があります。

壊すところにしか、創造は生まれてきません。

ずっと守ったままでは、大きな進化・成長はありません。

一度壊してみると、そこにある人間的なもの、物質的なもの、人とのつながりなど、そういったことの裏側が全部見えてきます。

そこに新しい出会いがあったなら、新しい自分の能力が生まれたり、新しい人脈が築けたり。破壊した上での創造こそが、大きな進化・成長を生むのです。

ただ自分のエゴのために壊すだけでは何も生まれませんが、平和的破壊とは「創造のために壊す」という行為です。

プレアデスの平和的破壊のエネルギーとシリウスの奇跡的創造のエネルギー。奇跡的創造とは、壊したあとに必ず生じる奇跡的な何かを指します。

ですから、壊れることを恐れず、勇気を持って壊すのです。

壊れたときこそ、大事なことに気づくことができます。

壊れても、失敗しても、それを受け入れて次へ向かうのです。

story 6

痛み

突然、首から肩にかけて痛みが走った。わたしの脳裏には「四十肩」という文字が浮かび、一気に老け込んだ気分になる。

わたしは近藤啓子《こんどうけいこ》、今年40歳になる。

痛い部分に市販の湿布を貼ったり、冷やしたり温めたりしたものの、一向に良くなる気配がない。

痛みが出てから3ヶ月、痛みが引くどころかますます悪くなっているように思う。これ以上は耐えられないと、とうとうクリニックで診てもらうことにした。

しかし、原因がわからないと言われてしまった。他のクリニックにも行ってみたが、同じ結果だった。

筋肉や骨ではなく、内蔵からの痛みだったとしたら、重篤な病気の兆しかもしれない……そう思ったら途端に恐ろしくなって、藁にもすがる思いで、不思議な施術で治してくれるという口コミのある、郊外のクリニックに駆け込んだ。

診てくれたのは、50代前半くらいの医師だった。

「先生、3ヶ月前からとにかく痛みがひどいんです。

急に首から肩にかけて痛くなって、湿布をしても引きません。痛みで夜も眠れないし、仕事もできません。食事のときさえつらくて、苦しくてしょうがないんです。

痛みさえなくなったらいいんです。

痛みがなかったら、わたしは幸せに過ごすことができるんですよ。

先生、お願いですから、何とか痛みを取ってください。

これまでクリニックを何ヶ所も回ったんですが、どこでも原因不明と言われてしまいました。

先生、本当にお願いします」

涙を流さんばかりに懇願した。

無表情にわたしの訴えを聞いていた医師は、突如ニヤッと笑って言った。

「あなたは、痛みがなくなれば本当に幸せになれるのかね？」

「え？」

予想もしていなかった意味深な言葉にぽかんとするわたしの前に、突然黒い渦が出現し、わたしはその渦に巻き込まれていった。

∞

ふと目を開けると、先ほどの診察室にいる。

黒い渦が見えたあたりを凝視するが、何もない。

肩の痛みでよく眠れていなかったし……夢でも見たのかしら。

パソコン上のカルテに何かを打ち込んでいた医師がこちらを向いた。

「あれ？　先生？」

「……なんですか？」

先ほどわたしを診てくれた医師と似ているが、どこか印象の違う、冷たい雰囲気の医師がそこにいた。

「あなたのお話で、日常生活もままならない痛みだということは、よくわかりました。わたしに任せておきなさい」

そう言うと、何かを払うような仕草をした。すると、先ほどまでのひどい痛みが、嘘のように引いた。

「先生！　今、スッと痛みが引きました！　こんなことってあるでしょうか？　どこのクリニックでも原因不明というばかりで痛みを取ってくれなかったのに！　ありがとうございます！　ありがとうございます！」

次の日、起きてみると、あの忌々《いまいま》しい肩の痛みはなくなっていたが、胃のあたりが重苦しい。少し吐き気もある。

胃の調子が悪くなるような心当たりはない。

元来、丈夫なほうで、内臓の不調にも見舞われたことがなかった。

(昨日の先生は、一瞬であのひどい痛みを取ってくれた。きっと名医に違いない)

そう思い、また今日もクリニックを訪れた。

「先生、昨日は、首から肩の痛みは取れたんですが、今度は胃が痛いというか重苦しくて……別に食べすぎたりもしていないので、心当たりがないんです。少し吐き気もあって気持ち悪くて……何とかなりませんか？」

「そうですか。では、その胃の痛みを取りましょうか」

先生はそう言うと、またサッと払うような仕草をした。すると胃の重苦しさが楽になり、吐き気も治まっていく。

一体どういう原理なのかわからないが、医療に疎いわたしが考えたとしてもしょうがないだろう。

先生はきっと、知る人ぞ知る名医なのだ。

「最近、頭痛が続いているんです。原因に心当たりもなくって……。こう、ぎゅーっと締め付けるような痛みで……」

わたしはまた、クリニックの診察室にいた。

あれからわたしは、頻繁《ひんぱん》にこのクリニックにお世話になっていた。先生はいつも、わたしの話をひと通り聞いたあと、

「そうですか」

と言って、瞬時に痛みを取り去ってくれる。今回の頭痛も、あっという間になくなった。痛みが消失することの理由は、何度行っても全くわからない。

ただ、何度も通ううちに、気づいたことがあった。

『先生……よくわからないんですが、何か、虚しい気分になりました。

わたしは先生に、いろいろな痛みを取ってもらいました。その部分の調子も良くなりましたけど、何かこう常に空虚で、自分が生きる意味がわからないのです。

辛い痛みのせいで生活ができないほどだったので、痛みが取れれば全て解決して、穏やかで幸せな生活が待っていると思っていたんですが、何か、虚しい気持ちで……。

これは、どういうことなんでしょう？」

「……やっとわかりましたか」

「……は？」

先生がこちらに顔を向けたとき、その瞳が黒い大きな渦となり、わたしを飲み込んでいった。

∞

恐る恐る目を開けると、わたしは変わらず診察室の丸椅子に座っていた。

こちらを見ていたのはいつもの先生だが、何か雰囲気が違う気がする。

突如として、首から肩にかけて痛みが走った。最初にこのクリニックに駆け込んだときのあの痛み。わたしはあの痛みから解放されたんじゃなかったっけ……？

「あなたさ、その痛みが必要なんじゃない？」

「え？」

先生は、ニヤニヤと笑いながら覗き込んで、

「あなた自身が痛みたいから痛んでるんじゃないの？　痛みたいと望んだ痛みを、なくすなんてとんでもない。もっとその痛みを感じてなさいよ。いいんだよ、痛いまんまで。むしろもっと痛みが増したっていいくらいなんだ。あなたが望んだんだからさ」

ぞんざいに言い放たれて、わたしは驚いた。

何だこの医者は。あまりの言われ方に呆気にとられて、わたしは治療してもらうこともなく帰宅した。

痛みを望んだ？　もっと痛くなってもいいってどういうこと？

全く理解に苦しむ。


次の日、起きてみると痛みが少し、楽になっていた。

あの先生、不思議なことを言っていたけれど、一体何だったんだろう。


それでもまだ痛みはあるので、やはりあの先生に頼るしかない。わたしはまたクリニックを訪れた。

診察室の丸椅子で、いつもは痛みを訴えるばかりだったのだが、今日のわたしはなぜか、自分の趣味のことや世間話をしていた。

「……あら？　わたし、痛いのを忘れていた気がします」

「ははは、やっとわかったの？

痛みに執着すると、その痛みは消えないんだよ。まずは執着を捨てることだ。

君はその症状から学ぶために、その痛みを持っているんだから
『学ぶための痛みなのだ』と、受け入れた瞬間に痛みは緩和されるんだ。

痛みというのは、気づきのために一番いい材料なんだ。

場合によっては四六時中、人を苦しめる。常に辛いだろう？

だから、痛みに執着せずに、意識を他に向けるのがと最も良いんだよ」

「先生？　あなたは一体……」

「ボクは宇宙人の君だよ。医者をやっているけれどね。

痛みを取ろうとすればするほどうまくいかないだろう？

それは君が、地球に来るときに学びの材料として持って来た痛みだからだ。

偶然ではなく、全て必然なのだよ。

地球人は、自分自身に起こるのがたとえ悪いことであってもネガティブに捉えず、自分の魂の学びに必要なこととして受け入れなければいけない。

これが現状打破の最強の策であることを、君は今まで知らなかっただろう。

変えようとするのではなく、目の前にあることを『これでいいんだ』と受け入れるんだ。

ボクはこのことを君に教えるために、ここに来たんだよ」

「これでいい……」

わたしはその言葉を噛み締めた。この痛みも必然だったのか。

この痛みを越えた先に、何かが学べるというのならこのまま受け止めよう。

そう思ったとき、ふっと痛みが軽くなった。

「やっと受け入れられたね」

医師はそう言って微笑んだ。

88次元ドクタードルフィンからの視点

痛みに苦しむ近藤啓子さんの宇宙人は、ドクターでした。

「痛み」とは身体を持つ人間にとって、一番つらいことです。

それが切り裂くような痛みであれば、何かをして忘れることや紛らわせることもできません。その感覚は、直接襲ってくるものです。身体が味わう感覚の中で、痛みが一番つらい。

ですから、「痛み」にはとても意味があるのです。

あなたが地球で体験することは、どんなことであっても、自分にとって必要なこと。自分が持ってきた、自分が選択したテーマをこなすために、自分で設定した課題なのです。

痛みがもたらす一番の学びは、「執着せず、自分はこれでいいんだとゆるんで生きる」ということです。

痛みがあるときに、「消えろ、消えろ」と痛みのことをずっと気にしているのは、痛みに執着している状態です。

そこで、「痛みは必要で、自分が選んだ課題だから、持っていていいんだ」と1回許し、受け入れるのです。

いったん受け入れると執着が取れるので、痛みのことを忘れられる時間ができてきます。

わたしの元に訪れる患者さんで、よく、

「先生、この痛みを何とかしてください！　この痛みがなかったら幸せなのに」

という人が来ますが、こういう人は絶対良くなりません。

痛みが良くなる人のパターンは、当初は痛みで来院されていても、診療の間に痛み以外の話をしだして、

「先生、最近わたし、ランニングにはまってまして……」

「そういえば歳のせいか、目が疲れやすくなった」

「うちの子どもが今年、中学生になって部活に入って……」

などと言います。

と聞くと、

「……そういえば、最初にいらしたとき、あれだけ苦しんでいた痛みはどうなりましたか？」

「あれ？　そういえば、最近ないわ!!」

という方もとても多いです。

執着を取るということは、とても大事です。

生き方から執着を取る学びに、痛みはとても良い課題です。

story 7 ニート

僕は笹岡晴之《ささおかはるゆき》。

24歳の僕は、家に引きこもっている。世間一般でいう『ニート』というやつだ。高校生の頃の僕は、24歳になったときの自分がニートになっているなんて、想像もしていなかった。

一応大学は卒業したが、地元の三流大学だ。

今さらだけれど、もっと勉強すればよかったと思う。

何度も公務員試験を受けたが、ことごとく落ちてしまった。

それでも、何かしなくてはという強迫観念にかられてコンビニでバイトを始めた。だが、そこにやりがいは感じられない。

他にも、いくつかのバイトを掛け持ちしたが、疲弊する一方で夢も興味も持てなかった。

……こんなはずじゃなかった。

何もかもうまくいかず、将来も見えないことに絶望して、僕は実家の自分の部屋に引きこもった。

親父はそんな僕に、

「お前は大学を出てから何をやっているんだ。男は仕事を持って初めて一人前だ。それでやっと社会人として、世間に認められるんだ。

それが絶対条件なんだぞ！

今のお前では、家庭を持つ資格もない。

いつまで家に閉じこもっているつもりだ！」

と怒鳴った。

そんなわかりきったことを言われたくない。

親父に反発し、意固地になり、僕はますます閉じこもった。


ある夜、気分転換に散歩に出た。

陽のあるうちは、明るい光に責められている気がして外に出られなかったが、夜の散歩は気持ちがいい。

家から30メートルほど歩いたところに、見通しの悪い交差点があった。

その交差点ではよく事故が起きており、運転手から見ると立ち木と電柱が、見通しを悪くしているらしい。古くからある閑静な住宅街で、高齢者が多かった。

交差点に差し掛かろうというとき、1台の車が交差点に向かってきた。その瞬間、立ち木の陰からおじいさんが杖をついて出てくるのが見えた。

車は電気自動車のようで、エンジン音がしなかったのでおじいさんは気がつかなかったのだろう。

「あっ！」

僕が声を上げた瞬間、おじいさんの身体は宙を舞った。

車のほうは全くおじいさんが見えなかったのか、減速もせずに突っ込んでいた。

おじいさんが落ちた先には運悪く縁石があり、頭を打ち付けて崩れ落ちたおじいさんの下から、じわじわ血だまりが広がっていく。

僕はこの一瞬の出来事に呆然として、ただただその血だまりを眺めていた。手が震えている。

人形のようにぐんにゃりと宙を舞ったおじいさんの身体。

そのうちサイレンが聞こえ、誰かが呼んだ救急車が到着した。

僕は、何もできなかった。声をかけることもできたはずなのに、ただ、棒のように突っ立っていただけだ。

（なんて無力なんだ）

そう思ってもなお、僕の身体は動かなかった。

救急隊員によって手早くおじいさんを載せた担架が、救急車に吸い込まれていった。

呆《ほう》けて見上げた救急車の回転灯から、真っ黒な渦が広がっている。何だろうと見つめたその瞬間、僕は黒い渦に吸い込まれていった。

∞

僕の前には、先ほど車に撥《は》ねられたおじいさんが、杖をつきながら交差点に向かってきていた。

車も同じようにおじいさんに迫ってきていた。

（また撥ねられてしまう！）

僕は、足に全身の力を込めて飛び出し、とっさにおじいさんの身体を抱えた。

途端、背中に強い衝撃が走り、耳をつんざく急ブレーキの音が鳴り響く中、僕とおじいさんの身体は一緒に宙を舞った。

奇跡的に僕は深刻な怪我もなく、打ち身と擦り傷程度だったが、頭を少し打っていたので、念のため検査入院となった。

僕が抱き込んでいたおじいさんは無傷だった。

おじいさんの家族が、次々と僕のベッドに近づいてお礼を言う。

その中には、大学生で美人の孫娘がいた。その娘《こ》はとてもおじいちゃん子だったようで、おじいさんが無事であったことを家族の誰よりも喜んでいた。そして泣きながら、

「あなたは祖父の命の恩人です。あなたが勇気を持って祖父をかばってくれていなければ、完全に轢かれて死んでいたわ。

そんなことになったら、きっとわたしは立ち直れなかった。

身を投げ出して命を救うなんて、誰にでもできることじゃないわ」

そう言って僕の手を握り、何度も「ありがとう」と繰り返した。


助けられなかったときの無力感を、僕は今、完全に払拭できていた。

交差点に踏み出したときに恐怖は感じたが、その恐怖を乗り越えて救った命。

(人の命を救うというのは、こんなに素晴らしいことなのか)

何をしても夢も希望も持てなかったのに、熱い思いがこみ上げてきた。

ふと見ると、僕が救ったおじいさんが、こちらをじっと見ていた。

なんだか、ニヤニヤと笑っている。

「？」

少し薄気味悪い笑い方だった。

おじいさんの背後のドアが開いた気がして目を移すと、ドアの隙間に真っ黒な渦が現れた。

禍々《まがまが》しいその渦に背筋が冷たくなり、叫び声を上げようとしたとき、僕はその渦に飲み込まれた。

∞

頬に当たる風が冷たい。

気がつけば、僕はどこかのビルの屋上に立っていた。

往来を見下ろすと、信号待ちしている車が数台見える。昼食の買い出しなのかＯＬらしき一団が通り、宅配業者かダンボール箱を抱えて走っている。

（あの宅配業者は、あと何個ダンボールを運ぶんだろうな）

サラリーマンは暑い中でもジャケットを着込んで、これから取引先に向かうのだろうか、重そうなブリーフケースを下げている。

（みんなそれぞれ、きちんと働いて生きているんだな……）

僕は？

何も生きがいがない。目標もない。夢も希望もない。

親父は仕事をしてこそ社会で認められるのだと言っていた。仕事をしていない僕は認められていない。社会に認められないということは、生きる価値がないということだ。

そして、生きる価値のない僕は幸いなことに、あと1歩で社会から解放される場所に立っている。

つま先が、少し先に進めばいいだけだ。靴を脱ぐと、足の裏に固く当たるコンクリートの感触が、まるで僕を拒絶する世界の冷たさのように思えた。

この冷たく硬い世界から、もう逃げ出したい……。

大空に身体を投げ出そうとした瞬間、突然、ものすごい力で腕を掴まれた。

驚いて振り向くと、あの交通事故に遭ったおじいさんが立っていた。

「晴之くん、君はまだこの地球でやることがあるだろう？　まだわからないのかい？」

そう言って僕を見据えた。

たった今、人生を終わらせようとした現実が襲いかかり、僕の足は震え出した。

僕にはもう何もない、見放されたと思った世界で、僕を見ていてくれた人がいる。やれることがある、生きていていいと言ってくれたのだ。

（そうだ、まだ何もしていないじゃないか）

死なくてよかった。

こみ上げるものに咽《むせ》びながら崩れ落ち、涙でにじむ目でおじいさんを仰いだ。

おじいさんの笑顔の向こうに、大きな黒い渦がまた口を開けた。

そして、吸いこまれた。

∞

「ピンポーン」

誰かが来たようだ。

気がつくと僕は、自室のベッドに転がっていた。

しばらく物音に耳を澄ませていたが、家族は誰もいないらしい。

しかたなく玄関に行ってドアを開けると、あのおじいさんが柔和な笑顔を浮かべて立っていた。

「晴之くん、ちょっと上がらせてもらってもいいかな」

「ど、どうぞ」

笑顔だがどことなく有無を言わせぬ迫力があり、僕はしどろもどろになりながら、おじいさんを招き入れた。

ソファに座り一息ついたおじいさんは、僕の目を捉えると、

「君は、体験しただろう?」

と言った。

「いい体験をして、本当に心が動かされたことがあっただろう?

人の命が救われたとき、心底嬉しかったろう?

人の命を救えたとき、湧き上がったもの……今まで君が生きて来た中で、これほど君の心を動かすものはあったかね?

心の底からの感動、歓喜。頬が紅潮するような、腹の中から暖かくなるような、その感覚を覚えているかね?

これでもう、君がやりたいことはわかったね？」

僕は、その言葉を噛み締めた。一度、死ぬかもしれないという恐れに打ち勝って得た気づきだ。

今度こそ、自分の使命をまっとうしよう。

一度は人生を投げ出そうとした大空を眺め、ふとソファを見ると、おじいさんの姿は忽然と消えていた。

∞

あれから3年。

僕は養成学校に通い、救急救命士国家試験に合格した。

おじいさんがあの無気力の泥沼から掬《すく》い上げてくれたおかげで、今の僕がいる。

あのまま、部屋に閉じこもったままだったらどうなっていただろう。

あれから、あのおじいさんに会うこともないままに、僕はがむしゃらに邁進した。

親父は、部屋にこもって何者にもなれない息子に不甲斐なさを感じていたので、「救急救命士になりたい」と言ったときには、とても嬉しかったという。

養成学校に入学するときにも、黙って背中を押してくれた。

母は、仕事が過酷すぎるのではないか、僕にやりきれるのかと心配しているが、人の命を救う仕事に誇らしさも感じてくれている。


（あのおじいさんはどうしているかな）

今日も、職場の消防署に向かいながら僕はおじいさんを思い浮かべた。

角を曲がって先を見ると、あのおじいさんがニコニコして立っていた。

そして、僕の制服姿を見て、

「よかった。ワタシの役目はこれで終わりだなあ」

と言った。

「あれから3年、ずいぶん頑張ったなあ。

お父さんもお母さんも、君をとても誇らしく思っているよ。君もいい顔になったものだ。すごくいい目をしているね。

ワタシは宇宙人の君だよ。

ずっともがいている君を見ていたんだ。

ワタシは君、君はワタシ。

君の学びの助けになれてよかった。じゃあ、しっかり頑張れよ」

そう言うと、おじいさんは晴れ晴れとした笑顔を残して、空気に溶け込むように消えてしまった。

88次元ドクタードルフィンからの視点

笹岡晴之君の宇宙人は、おじいさんでした。

地球では、小さい頃からみんな、「こうあるべき」と教えられてきました。

人間は働くべき、小学校、中学校には、毎日行くべき、などなど。それによって社会が成り立っているように思わされているのです。

しかし、こうした概念では、独自性の高い、持って生まれた能力が引き出せないのです。

それはなぜか？　みんな、同じことをやらされるからです。

例えば、シリウスでの教育は、生まれつきの才能の一つだけを伸ばして、他のことはどうでもいいというような方針です。

それぞれの能力を出し合って、誰かができないことも他の誰かが補い、高め合って、素晴らしい社会、高い次元、高いエネルギーの社会を築けています。

地球も、従来の『こうあるべき』では限界となっています。

令和に入って新しいエネルギーになったので、なおさら進化が必要です。

理想のかたちは、学校へ毎日行かなくてもいい、働きたい人は働き、働きたくない人は働かない代わりに、自らの意思で、みんなのためになるようなことを進んでする社会。

仕事として無理に行わなくても、音楽で人を癒やし元気付ける、絵を描いて人に喜んでもらう、まだ未開拓な分野を研究し、人のためになる発明をするなど、できること、意義のあることが必ずあるはずです。そういうふうに生きていくことが可能になっていきます。

やるべきミッションを持ってみんな地球に入ってきているはずですが、まだそれに気づいていない人が多いのです。


今の「とにかくニートはダメだ」という認識のままでは、可能性の扉が開きません。

ニートにだって、自分を学ばせる、家族を学ばせる、社会を学ばせるという役目があるのです。


これからは、自由な時代です。

みんなが同じことをしていたり、協調を強制するような社会では、もともと備わっている素晴らしい能力が開花できません。

『こうあるべき、こうなるべき』は捨てましょう。

人と同じことができなくても、否定しなくていいのです。

ときとして、問題をなくそうと努力することは、自己否定にもつながります。

問題のある自分や子どもが＝『ダメ人間』という図式が、意識の中に強く根付いています。

「ダメ人間になりたくないので問題を解消しようとするが、なかなかうまくいかない」

そんなジレンマが、あなたを苛む要因となることに気づきましょう。

問題のあるあなたは、ダメ人間ではありません。

問題を常に持っていても、「これでいいのだ」と肯定しましょう。

なぜなら、問題にこそ可能性が秘められているからです。

進化・成長のための課題を持ち続けているという状態は魂にとって理想的で、楽しく美しいのです。

人をうらやんだり、真似をする必要なんて全くない。あなた独自の生き方をしてもいいのです。

story 8

性同一性障害

葵《あおい》は元気な女の子だ。生まれたときの体重は、ごく平均の３０２０グラム、五体満足で元気に泣きながら生まれてきた。

今年、中学1年生。13歳で、３つ年下の妹がいる。

通っている公立中学校では、小学校からの友達もたくさんいたので友達作りに困ることもなく、毎日楽しく過ごしていた。妹も元気なタチなので、明るくてはきはきとした姉妹は近所でも人気者だった。

そんなある夏の日、学校でプールの授業があった。

きっちり水泳帽をかぶり消毒槽を通ったあと、陽の下へ飛び出して行く。

体育の先生が、

「おーい！　プールサイドを走るなよー」

と呼びかけた。

水しぶきが、鮮やかにきらめく。

暑い中のプールは気持ちがよく、みんなはしゃいでいた。

女子はワンピース型のスクール水着、男子は海水パンツだ。

葵はふと、

「男子の海パンいいなあ。格好いいな」

と思い、男子のように履いてみたくなった。

女である自分の身体はもこもことした曲線で、不格好な気がした。

男子のようにお腹も胸も平らで、肩のラインもシャープな身体だったらよかったのにと思う。

葵はこれまでも、わりとボーイッシュなタイプではあったが、

(わたしは男性っぽいのかもしれない)

と、このとき初めて思った。

思えば制服も、リボンとプリーツスカートよりも、男子のすっきりとしたパンツスタイルのほうがいいな、と感じていたのだ。

プールの授業の日から葵は、制服以外はジーンズなどのパンツスタイルが多くなった。

これまでは可愛らしいピンクのスカートなども履いていたが、今の葵はよりシンプルで色も暗めの、男子っぽい格好をするようになった。

母は思春期の娘のためにと可愛らしいスカートを買ってくるが、葵が見向きもしないので、

「最近どうしたの？　スカートをぜんぜん履かないわね」

と言った。

葵は何も言わなかった。

（わたしの心は、男の子に近いみたい）

最近、よくそう思う。

髪をショートカットにして少年のようになると、妙に清々しい気持ちになった。

女の子特有のおしゃれにも、全く関心が湧かない。メイクやネイルを楽しむよりも、男の子みたいに思いっきり身体を動かして、遊びたい。

母はずっと、

「高校は女子高に」

と言っていた。

女子高出身の母は、学生時代がとても楽しかったようで、葵を母校に入れたがっていた。

進路を決める時期となり、母は母校の受験を勧めたが、

「わたしは絶対に嫌だ」

と、葵は頑として首を縦に振らなかった。

「どうして？　お母さんが通った高校はとても良い校風で、みんな伸び伸びとしていてとても楽しかったわ。わたしが通っていたときの先生方もまだいらっしゃるから様子もわかるし。なぜダメなの？　他に受けたい高校があるの？」

そう聞かれた葵は、

「わたしは……本当は男子高に行きたかった。でも男子高には行けないから、共学を選ぶしかないよね。だから共学がいい」

「男子校って葵……、何を言ってるの。あなたは女の子なのよ」

そう母が言ったとき、妹が突然、

「ねえ、お母さん。わたし、ずっと言えなかったんだけど、お姉ちゃんってお兄ちゃんみたいだよ。

『お姉ちゃんって本当はお兄ちゃんだったのかな？』ってずっと思ってたんだ。

お姉ちゃん、女の人でいることが苦しそうだよ。わたしは、お姉ちゃんがお兄ちゃんになったって別にいいと思う」

と、背後から言い出した。
驚いて振り返ると、妹の足元から、黒い渦が湧き出した。
葵はその渦に、ものすごい勢いで吸い込まれていった。

∞

気がつくと、葵はセーラー服を着て、どこかの学校の講堂にいた。
放課後なのか、長椅子にたった一人で座っていた。
校内にはたくさん人がいるはずなのに誰の声も聞こえず、とても静かだ。
ツルツルとした床、落ち着いた色の壁。
葵が通っていた中学校ではなかった。
(ここはどこ?)
そっと制服に触れてみた。
丁寧な縫製、上質な手触り、シックな赤いリボン。これは母の母校の制服だ。
どうも、母の望み通り女子高に進学させられてしまったらしい。
(さっき、わたしが飲まれた渦は何だったんだろう……)

先ほどの妹の様子を思い浮かべたが、何かおかしかった気がする。

妹は、「お姉ちゃんではなく、お兄ちゃんになってもいい」と言ってくれていた。だがここでの葵は、女子だけに囲まれ、女らしく過ごすことを強いられていた。

女子ばかりの生活の中で、ますます自分自身への偽りが増えてゆく。

（本当の自分の心を解放したい。今の自分は本当の姿ではない）

という思いが強くなっていった。

しかし、本当の姿を晒け出す勇気もなかった。

（わたしは、どうして女として生まれたんだろう……。この違和感には、何か意味があるんだろうか）

予鈴が鳴った。準備をして次の移動教室に向かわなくては。

立ち上がったその瞬間、頭がクラクラしてふらついた。

傾いた身体を机に手をついて支えながら、ふと黒板を見ると、書かれた文字がぐにゃりと歪み、ヒュッと黒板の真ん中に渦が現れた。

あ、と思った瞬間、葵の身体も文字と一緒に吸い込まれていった。

∞

目を開けると、葵の身体は半透明になっていた。

広大な暗い空間にまたたく光。

ここでの葵には、先ほどまでとは違う、様々なものが見えた。

周りにも葵と同じ、エネルギー体の仲間がいた。

地球よりももっと高次元の世界、シリウス。

そこで葵は、シリウスの言葉で話している。

自分を改めて見ていると、なんとなく女性エネルギーのほうが強いようだが、男性エネルギーも有していた。

シリウスでは、感覚的にそれを理解できた。

ここでも、葵はどちらかというと女性のようだった。

ただ、シリウスでは女性に生まれる、男性に生まれるという差はなく、みな女性になったり男性になったりと両方を経験しながら、そのどちらにも偏らず「中性」になろうとしていた。

「本質的に真ん中、中道であること、それが最も大事です」

と、ここの学校の先生が話していた。

「女性性のエネルギーの人は、地球で男性をやります。これは見た目が男性、ということです。逆に、シリウスで男性性のエネルギーの人は、女性をやります。こちらも見た目が女性ということ。

地球にはそのように、逆の性を演じに行くのです。

地球で女性として生まれたときは、女性を体験することが学びです。

しかし、エネルギーがある程度進化している魂は、一生かけて女性を経験しなくても、数年の間、女性を経験することで、もうすでに一生分の学びをすませてしまうのです。

もともとのエネルギーが高く、そのレベルを保って地球に入ってきている身ですから、途中で逆の性を経験してもよいのですね。

途中で性を変えることは全く悪くはなく、むしろ進化するこれからの地球教育の教科書になるようなことです。それは、よりいっそうの学びを促進します」

そう先生はおっしゃった。そして、葵に向かってにっこりと微笑んだ。

すると、先生の顔の中心からくるくると何かが渦巻いて、葵はその渦に吸い込まれていった。

∞

目を開けると、葵は母と、女子高に進学するかどうかと揉めていた。

葵は母の目を見ながら、語りかけた。

「お母さん、わたしは今、女の子だけれど、わたしは女性の性をもうたくさん学べたよ。お母さんが女性に産んでくれたおかげで学ぶことができたんだ。

本当にありがとう。

この学びはもう終えた気がしてる。

わたしは、これから男性のエネルギーを学ばなくてはいけない。わかってもらえないかもしれないけれど、今、そしてこれからのわたしにはとっても大切なこと。別の星でそんなふうに教わって地球にきたんだよ。

心配しないで。おかしくなったわけじゃないから。

これから男性性を学ぶことで、両方の性のエネルギーの人間になるんだよ。

これは人間の進化から見たら、すごくいいことなんだ」

妹が傍から、そっと葵の手を取った。

「お姉ちゃん、名前も『あおい』で、ちょうど、男でも女でもいい名前だね。『あおいくん』として、男の子を1回やってみたら？

そしてもし将来、本当に男になりたかったら、手術を受けるという手段もあるし。

そうしたら、わたしこれから、お姉ちゃんのことは『お兄ちゃん』て呼ぶね。

わたしのお兄ちゃんは、お姉ちゃんでもある。最強の兄妹じゃない？

ねえ、お母さん。

お姉ちゃんが行く学校は、共学でいいじゃない。お母さんの勧める学校では、お姉ちゃんが学びたがってること、できない。

お姉ちゃんが幸せになってくれるのが、わたしは一番嬉しいな。

お母さんも、お姉ちゃんの幸せが一番でしょう？」

そう言って、妹はにっこりと微笑んだ。

「お姉ちゃん、ワタシは宇宙人のお姉ちゃんだよ。気がついた？」

88次元ドクタードルフィンからの視点

癸ちゃんの宇宙人は、彼女を理解してくれた妹さんとシリウスの先生でした。

本来は、「男女どちらか片方だけの一生」というのは非常に不自然なのです。

高次元では男性、女性という決まった性はありません。エネルギーとしてどちらかが優位というだけです。

どちらかの性のみで生きなければならない地球では、分離を学び、その上で、融合を学べるという利点があるのですね。

男性、もしくは女性として生きるというのは、その身体をもって究極の宇宙の分離を学ぶということです。

極端な分離を体験することというのも、とても大切なのです。

さらに、両方の性が体験できれば、融合も学ぶことになり、よりステップアップします。

しかし、進化過程の地球人たちは、まだまだ、どちらかの性だけをやりきってしまいます。

一生で両方の性を学ぶ人たちは、高い魂レベルを保ったまま地球にやってきています。

性同一性障害などで悩めるあなたの魂は、実はいち早く進化を遂げた魂なのです。

story 9 がん

川崎郁雄《かわさきいくお》（79歳）。

わたしはいつも機嫌が悪いので、息子や娘にも嫌われて絶縁状態だ。顔を忘れてしまうほど会っていない。生まれたはずの孫にも会っていないのだ。

思えば、若いときからいつも怒っている。

夜はいつも小料理屋に酒を飲みにいく。酒が好きで、そこでちびちびと肴を摘まみながら酒をあおり、世の中への不平不満を吐き出しているのだ。

ある日、そんなわたしの隣に座った酔狂な客がいた。見たところわたしより10歳ほどは若そうで、70歳くらいか。

その客が話しかけてきた。

「あんた、いつも怒っているねえ。酒を飲んで文句を言っているのをここでよく見かけるよ。誰かの悪口を言ったり、いつもイライラしているけれど、大事なことを学んでこなかったね。

あんた、もうじき80になるだろう？　もう人生長くないんだから、大事なことを学んでから人生終わりにしたくないかい？

あんたには、そういう体験が必要だね」

と言ってニヤッと笑う。

「何だと、何を偉そうなことを……！」

カッとして怒鳴りつけようとしたとき、目の前のお通の小皿から、真っ黒な渦が広がってわたしは吸い込まれていった。

∞

薄く目を開くと、白い壁が見える。病院の検査室のようだ。

目の前には巨大なカプセルのようなものがある。たぶん、ＣＴというやつだろう。

ふいにむせるような咳が出て止まらず、胸が裂けるように痛んだ。

何かがのどをせり上がってきたので、手に持っていたハンカチで口元を抑えると、べったりと鮮血が付いてきた。

わたしは何かの病気なのか……？

胸のCTを撮られたあと、診察室に通された。

側には、妻が付き添っている。

医師は、モニターに画像を表示させた。

「先ほど撮らせてもらった胸部のCT画像です。

これは……この病気は、嫌な病気ですね……」

「先生、何の病気なんでしょうか。何でも言ってください」

「では申し上げますが……ここ、この白く写っているものですね。これががん細胞、つまりあなたは肺がんということです。

現状、気管支に炎症が起きています。その炎症から、発熱や、咳が出たり血痰が出たりというような症状が出ているのです。

あなたは見たところ、とてもイライラしてるようですね。

イライラすると交感神経が過分に優位となり、血中の白血球が増加します。同時にリンパ球が減ることで免疫力に悪影響が出て、病気にかかりやすくなるのです。

ですが、それ以前の問題として、あなたがこの病気になったのは、何か意味がありますよ」

「意味というのは……？」

「病気というのは、そこから何かを学ぶためにあります。自分自身で『罹患することを選ぶ』んです。

がんも含めて病気というのは、意味もなく降りかかってくるものではない。

あなたが地球に入って来る前、つまり魂の意識の段階で『何歳で、いつどこで、何を、どのように体験するか』を全て決めてくるんです」

「地球に入ってくる？　は？　何を言ってるんですか？　決めたものなんかないですよ」

「それを覚えていたら学びにならないので、地球に入ったと同時に忘れるようになっているのです。

あなたは80歳になったときに、肺がんになると決めてきたんでしょう」

(何を言ってるんだ、この医者は)

沸々と怒りが湧いてきた。

「がんになるなんてことを、俺が決めるわけないじゃないか！

さっきから黙って聞いていれば、わけのわからないことを並べやがって！　クソくらえ！

二度と来るか！」

「あなた！　待って！　先生の話をちゃんと聞いてくださいよ！」

妻の止まる声が聞こえたが、わたしは病院を飛び出した。
誰が聞いてやるものか。わたしが病気になりたい？　そんなわけないだろう。
誰が好き好んで、がんになんてなるんだ！
怒りが収まらないまま家に帰ってきた。顔が燃えるように熱い。
煮え滾《たぎ》るような熱い塊が、のどをせり上がってくるような気配がした。
「……！」
わたしは再度、大量の血を吐いた。
部屋中が真っ赤に染まるほどだ。
すうっと血の気が引いて前のめりに倒れこんだ。
池のようになった血の中に、真っ黒な渦のようなものが浮かんでいた。
そしてそこに吸いこまれた。

∞

目の前に娘がいる。その横にちょこんと小さな女の子が座っていた。
あれは、７歳になる孫だ。

わたしたち老夫婦は、娘の家族と一緒に暮らしている。怒りっぽい気質はあいかわらずだが、同居生活はうまくいっている。

娘が、温泉に行こうと提案してくれたので、家族総出で行くことになった。

温泉にゆっくり浸かり、出たところで軽く一杯。とても気分がいい。

その至福の一杯を愉しんでいると、孫娘がトコトコとやってきた。

「おじいちゃんって、いつも怒ってばかりだね。なんでいつも怒っているの？」

「さあ、なんでかなあ……」

答えあぐねていると、孫娘が可愛らしく首を傾けて続ける。

「わたし、知っているよ。

おじいちゃん、優しいところもあるよね。

本当は優しいおじいちゃんなのに、いつもイライラしてる。

でもおじいちゃんが優しいの、みんな知っているんだよ。

お母さんもわたしも、おじいちゃんと一緒に過ごしていて楽しいよ。

だからおじいちゃん、そんなにイライラしないでね。イライラしてると病気になっちゃうよ」

「そうかあ、病気になっちゃうかあ」

心配そうに言ってくれた言葉が嬉しかった。

温泉から帰ってきた晩に、熱が出てしまった。久々の遠出に疲れたのか、咳も出始めた。大事にならないうちに、と娘に促され病院に行くと、肺炎にかかっており、入院が必要だという。ふと、孫娘の言葉を思い出した。

「おじいちゃん、イライラしてると病気になっちゃうよ」


(やっぱりイライラしているのがよくなかったのかなあ)

と頭を掻いた。そして、

(わたしはなんでイライラしているんだろう?)

と考えた。そういえば、今まで改めて考えたことがなかった。

一番許せなかったのは、息子のことだ。

跡を継がせたかったが、言うことを聞かずに、大げんかをした挙句、飛び出して行ってしまったのだ。そんな息子のことを、ずっと許せずにいた。

息子のほうもわたしを嫌っているからだろう、あれから一向に連絡はない。

入院初日の夜に、見回りの看護師がひょいとカーテンから覗き込んで、

「面白いテレビやってますよ。観ませんか?」

と、わざわざテレビをつけてくれた。

その番組はドキュメンタリーで、海外で起業しようとしている青年を特集していた。30歳前後のその若者は、親から何度も家業の跡目を継ぐように説得されたが、それを振り払って海外に飛び出していた。慣れない海外で、なかなか軌道に乗れずに貧しい生活をしていたが、それでも青年は瞳を輝かせて未来を語っていた。

「僕はまだ何も成功していません。小さな成果すらも出せていませんが、行きたい道に進むのを最終的に許してくれた両親には、とても感謝しているんです。

まだ何の結果も出せていないので両親には会えませんが、いつか必ず成功して、胸を張って両親にお礼を言いたいです」

画面の青年は、生き生きとしていた。迷いなく、まっすぐで清々しい目をしていた。

最後に会ったときの息子の目を思い出す。あのときわたしに向けられた息子の目は、自分の信じる道を否定されたことへの怒りと憎しみに満ちていた。

(ああ、わたしは一番大事な、息子の思いを無視していたようだ。

わたしがあいつに押し付けようとした未来は、本人にも最善で、絶対に幸せになれる未来だと信じていた。

けれど、あいつにとっての幸せは、それとは違うかたちだったのかもしれない。

あいつにはあいつだけの世界や幸せのかたちがあった。

もしわたしが最終的に許して、あいつの行きたい道にそっと背中を押してやれたなら、この青年のように、あいつも生き生きとして迷いなくいられる人生になったのかな。この青年のような目をしていただろうか)

少し殊勝《しゅしょう》な思いになったのは、肺炎で気弱になっているせいもあるのかもしれない。

「おじいちゃん、そんなにイライラしていると病気になっちゃうよ」

孫娘の言葉が、また胸のうちに響いた。

「いつもイライラして……あいつには悪いことしたなあ」

そう小さくつぶやいた。


次の日、起きると咳がほとんど治まっていた。

レントゲンを見た医師が驚いて、

「肺炎がなくなっています。どうしたんでしょうね」

と言っていた。全くもって不思議な話だ。

「年齢もありますし、一応、念のために」

ということで、もう一晩を病院で過ごすこととなった。

消灯間近、

(そういえば、昨日の看護師、このくらいの時間にテレビをつけていったけれど、こんな時間にわざわざテレビを観せようなんて、変わった看護師だったな……)

なんとなく腑に落ちない思いで、またテレビをつけてみると、画面は砂嵐の状態だった。

(テレビカードを入れてなかったかな……)

そう思って消そうとしたとき、砂嵐がぐにゃりと歪んで渦になり、わたしはそこに飲み込まれていった。

∞

気がつくと、わたしは妻に付き添われて診察室に座っていた。

医師がCTの映像を背景に、こちらを見ていた。

ああ、そうだ。わたしは肺がんだと診断されたのだ。

「病気というのは、そこから何かを学ぶためにあります。なので、自分自身で『罹患することを選ぶ』んです。

……みな、魂のテーマを自身で選んで地球に入って来るのです。

あなたの魂のテーマは何だと思いますか？」

と医師が言った。

今のわたしには、先生の言葉が優しく響き、怒りも湧いてこない。

「先生、わたしも今ならわかります。わたしのテーマは、『怒りを持たない』ということ。それを学ぶためにこの病気を選んだんですね。

わたしはもう、長くはないでしょう。けれども、わたしはこの病気に感謝をしたい。この病気をきっかけに、今までの苛つきや怒りに満ちた人生を振り返ることができそうです。

そして、全てが自分のための学びだったとわかりました。

自分を怒らせてきたもの全てに感謝して、最後は穏やかにあの世に行きたいと思います。

残りの人生を、怒りを持たずに過ごしたい……」

心が凪いでいる。

「そうですか……それはいい学びになりました。あなた、顔つきも変わって穏やかになられましたね」

医師は笑顔でそう言った。

抗がん剤の治療を勧められたが、苦しむとわかっている治療に耐えるよりも、自宅で穏やかに最後のときを過ごしたいと思い、丁重に断って帰宅した。

わたしは家で家族に囲まれながら、最後のときを迎えようとしていた。その傍らには、息子の姿もあった。息子は言った。

「いままで、ごめん」

家族はみんな、わたしを覗き込み、

「おじいちゃん、とっても優しくなったね。ニコニコしている」

「そうね、お父さん、とても穏やかになったよね」

と口々に言った。

妻は、

「あなた、この病気になってから、何か変わったわね。一緒にいても、ピリピリしないでよくなって。とても優しくなってくれたわ」

と言った。

「そうだなあ。昔はイライラしてばかりいたけれど、病気のおかげで、人生最後にようやく穏やかになれた。

この病気のおかげだなあ。

最後はいい人生だったなあ……」

そうつぶやく声が最後は小さくなり、視界が狭まってきた。

するとその視界の端から、医師が顔をのぞかせた。

最後の往診だ。

「ワタシは、宇宙人のあなたです。

あなたは今生、最後の最後にとても大事なことを学んでこの生を終えるのです。そのことを、とても誇らしく思いますよ」

そう言って、わたしの瞼にそっと手を置いた。

（この先生、いや宇宙人にも、感謝だなあ）

88次元ドクタードルフィンからの視点

いつも怒りを抱えている川崎郁雄さんの宇宙人も、ドクターでしたね。

そしてお孫さんも、テレビをつけてくれた看護師も宇宙人でしたし、実は息子さんもそうでした。

がんにかかると、まず病院で先生から脅されます。不安と恐怖を強く感じ、死に直結するというイメージが強い病です。

みんな、生きていたいから、がんを恐れるのです。逆にいえば、恐怖の大きさで、どれほど生きることへの執着が強いかがわかります。

けれども、恐怖を乗り越えてがんを受け入れられたなら、生きていることの喜びや、大切さを深く実感できます。そして、周囲の人からの優しさや愛情を知り、自分のエゴを修正できるのです。

がんというのは、それぐらいの大きな力を持つ課題なのですね。

ＡＬＳと同じく、魂の大きな進化・成長が望めるものです。

人としてあるべきなのは、『問題を持っていても、穏やかになること』です。これが地球人にはなかなか難しい。

宇宙人は、穏やかです。

なぜかというと、すでに今ある問題の意味を、全て知っているからです。

不安や恐怖は、あらゆる諍いの原因です。それがなくなれば人間の交流は愛と調和で満たされます。

全てを許し、受け入れる。死ぬかもしれない、病気になるかもしれない、痛い思いをするかもしれない、そんな自分や現象を責めることなく、悲しむことなく、「これでいいのだ」「病気でもいいのだ」と捉えられれば、穏やかに暮らしていけるのです。
病気でも穏やか。死ぬとわかっていても穏やか。
これが愛と調和の秘訣です。

story 10

ペットロス

わたし、片山茜《かたやまあかね》と夫の匡《たすく》には、とうとう子どもができなかった。共に45歳になる。結婚して20年。不妊治療もしてみたが、やはり恵まれなかった。

わたしはずっと、子どもがいる家庭を夢見てきたので、子どもがいない人生は幸せではないという思いから逃れられずにいた。

あるとき、夫と二人で「気晴らしに」と、二子玉川をゆっくりと散歩していたときのこと。お気に入りのカフェでお茶を楽しみ、隣にあったペットショップを何気なくのぞいてみた。

店頭では、数匹の子犬が活発に戯れ合っていた。

その中でも一際、気になる子犬がいた。その子犬は、まるで思いつめているような眼差しでこちらを見ていて、何かを訴えかけるようだったのだ。

しばらくして走り出すと、太い手足、毛玉のような身体を転がすようにしていて、とても可愛らしい。

「あの子犬はなんという種類ですか？」

と思わず店員に聞いてみると、

「あの子は秋田犬ですね。生後2ヶ月ほどです」

と答えた。わたしはもう、その可愛らしさと必死な視線が気になってしまって、目が離せなくなっていた。

夢中になっているわたしに気がついた夫が、

「うちはマンションなんですが、室内で飼うことはできるのでしょうか？」

と聞いてくれた。店員は、

「秋田犬は大型犬なんです……。かなり大きくなりますので、室内には不向きですね。こちらに柴犬がいますけれど、柴犬は中型ですし、室内飼いもできますよ。いかがでしょう？」

と、隣ではしゃぎ回っていた柴犬を勧めてくれた。

柴犬も確かに愛くるしい……、でも……。

秋田犬は、休憩をするように座り込み、またわたしをまっすぐに見つめていた。連れて帰って、と懇願しているような目つきだった。

そう夫に言うと、

「うちは1階だし、ちょっとした庭も付いているけれど、狭くて庭では飼えないよ。家の中では、やっぱり小さいほうがいいんじゃないかな。

この柴犬も可愛いじゃないか。この子にしようよ」

と答えた。

大型犬を窮屈なところで飼うのは、確かにかわいそうな気もした。

(柴犬も可愛らしいしね……)

少し話し合った結果、わたしたちは柴犬を買うことにした。

そう店員に告げようとしたそのときに、背後から中年男性がスッと柴犬に近づき抱き上げた。

「すみません！　この子をもらいたいんですが」

と言って、すぐに連れて行ってしまった。

お子さんにせがまれての購入らしい。

「ねえ、これって、やっぱりあの秋田犬を買えってことじゃない？」

そうせがむと、夫も苦笑いして言った。

「こういうのを縁、っていうのかもしれないね」

帰り道、車の駐車場までキャリーケースを運ぶ。子犬だし小さく見えたけれどずっしりと重い。

少し息を切らせながら、公園を横切っていた。

近い距離から、ウグイスが「ホーホケキョ」と鳴くのが聞こえた。

(なんだかウグイスがたくさんいるみたい?)

そう思うほど、あちこちからウグイスの鳴き声が聞こえてきた。

わたしたちに、付いてきているみたいだった。その鳴き声が、だんだんと人間の声みたいに聞こえてくる。人間がウグイスの声真似をしているような……。

突然、

「その秋田犬はあなたたちの子どもよ」

という声が頭に響いた。ウグイスが、そう言ったような気がした。

ふいに嬉しさがこみ上げてきた。

わたしたちは人間の子どもは授からなかったけれど、素敵な犬の子どもを授かった。

「ねえ、今、『この子犬はわたしたちの子どもだよ』って声が聞こえたの」

「ええ?　そうかい?　僕には聞こえなかったけど、嬉しい言葉だね。子どもと思って大事に育てよう」

不妊治療で傷ついてきたわたしの気持ちを知っている夫は、優しく言ってくれた。

新しい家族となった秋田犬は、すくすくと育った。

家族になった季節が春だったので、「ハル」と名付けた。

ペットショップの店員が言った通り、ハルは驚くほどのスピードで成長していた。

我が家に迎え入れてから6ヶ月が過ぎる頃、ハルの様子がおかしくなった。

ぐったりとして元気がない上、餌に口もつけないのだ。まだ大人になりきる前、一番元気である時期に一体どうしたのだろう。

近くの動物病院に行ったが、簡単な検査では何も出ず、

「大丈夫ですよ、ちょっと疲労しているだけだと思います」

と言って帰されてしまう。

（こんなに元気がないのに、何もないはずないわ）

もう何日もまともに食べていない。

それで、もっと大きな動物病院を訪れると、精密検査をしてくれた。衰弱してきているということで、点滴もしてもらった。

ぐったりしているハルを、切ない思いで撫でる。

「血液検査の結果は、2、3日後になります」

と言われ、点滴で少し元気になったハルと病院をあとにして、いつもハルがはしゃいでスキップする緑道を歩いていた。

すると、季節外れのウグイスの鳴き声が聞こえてきた。

（こんな季節に変ね……）

そう思っていると、ウグイスが人間のような声で、

「この病気はあなたへのメッセージよ。何があっても受け取りなさい……」

と言った。

「え？　それは一体何のメッセージなの⁈」

と、思わず叫んだが、その声はもう答えてくれなかった。


検査結果は予想よりとても悪かった。最悪に近かった。

ハルは重篤な血液の病気だったのだ。

「一応治療はしてみるけれど、この病気の完治は難しい。

今、ハル君は非常に弱っているし、乗り越えられるかどうかは半々といったところです。ひとまず入院をさせなければなりません」

医者はそう言った。

わたしは、目の前が真っ暗になった。

（治療がうまくいかなかったら、今、このときがハルと会える最後になってしまうかもしれ

ない……)


治療をしなければいけないとわかっていても、ハルから手を離すには覚悟が必要だった。

ハルがぐったりと横たわる診察台の向こうのモニターに、ハルの検査結果が映っていた。

その画面が突如、ぐにゃりと曲がり、大きな渦となってわたしを飲み込んでいった。

∞

気がつくとわたしは、秋田犬を飼っている一家を上の方から眺めていた。

子どもが4人もいる大家族、そして大型犬。

6人と1匹が、マンションの室内にひしめき合って暮らしているようだった。

子どもたちが寝静まって、夫婦が話し合っているのが見えた。

「あの子は、やっぱりマンションには大きすぎたのよ。手がかかって力が強くて、もう誰も散歩に連れて行けないし、誰かにもらってもらえないかしら」

「そうだな、子どもたちだけで、うちは精一杯だ。もらい手を探そう」

わたしには、怒りがこみ上げてきた。

無理やり飼って人間の都合で手放すなんて、なんて自分勝手な人たちだろう。

数日後には、ネットで見つかった里親の元へもらわれていくことになった。

子どもたちには、母親のお友達の家に引き取ってもらうということにしているらしい。

鎖を引かれてマンションをあとにする秋田犬は、とても悲しい顔をしており、わたしには、
その子の声が聞こえた。

「僕はずっとずっと君たちと一緒にいたいんだ。他のところに行きたくないよ。なんで僕はここにいちゃダメなの？」

切なく鼻を鳴らしながら、家族だと思っていた一家から追い出されて、秋田犬は車でどこかへ連れて行かれてしまった。

（ハル……）

切なく苦しい思いで見守っていると突然、

「犬というのは家族だからね」

という声が聞こえた。

声がした方を見やると、木蓮の枝にウグイスが止まっていた。

そのウグイスが、枝の上でくるっと宙返りをした途端、黒い渦が生まれ、そこに吸いこまれた。

∞

今度は、とても明るい場所にいる。

花があちこちに咲き誇り、暖かく、うっかりすると居眠りしてしまいそうに心地よい。

視線の先にはハルが、数匹の犬たちといた。


ハルはわたしがいることに気がついていないのか、こちらを見ようともしない。

ハルが他の犬と話している声が聞こえる。

「僕が死んでしまう前に、僕のお父さんとお母さんは、毎日、お見舞いにきてくれたんだ。お母さんはいつも、『ずっと子どもがいなかったけれど、ハルが家族になってくれたおかげでわたしたちは人生の喜びを知ったし、子どもを持つ以上の幸せを感じることができたわ』と言ってくれた。

そう言って優しく頭を撫でてくれたんだよ。

最後には、『あなたが死んでしまっても、あなたの魂はわたしたちといつも家にいるからね』って言ってくれたのをよく覚えているよ。

僕の家族は、ずっと子どもがいなかったんだけれど、とても子どもが欲しかったんだ。

そんなとき、ペットショップで僕と目があって、僕もすごく『この人たちに飼われたい！』って思ったんだ。向こうも飼いたいと思ってくれた。

もっともっと、本当はずっと長く、お父さんとお母さんといてあげたかった。だけど、たった6ヶ月しかいられなかった。

でも、僕はね、僕が死ぬことで、お父さんとお母さんに伝えたかったことがあるんだ。それは、『夫婦二人でも大丈夫だよ』ってこと。

ずっと僕が一緒に過ごしていたら、もしかして二人はダメになっちゃうんじゃないかな、と思ったんだ。長ければ長いほどダメージが大きいから、早いうちに終わらせて学んで欲しかったんだ。

彼らにはまた新しい出会いもあるし、僕の死を乗り越えてすごく強くなったよ。

だから僕はね、早く死んでしまったけれど満足なのさ」

そうか、ここは天国なのだ。虹の橋の向こう側だ。

ハルの死はとてもショックだったけれど、わたしはハルをたくさん愛したし、ハルもそれをちゃんと受け止めてくれていた。

わたしたち夫婦はハルと出会うまで、鬱屈した思いを抱いていた。子どもがいない夫婦の未来なんて、明るいものとは思えなかった。欠陥品の夫婦じゃないかと。

そんな寂しい気持ちを、ハルは察してくれたのかもしれない。

わたしの肩に突然ウグイスが止まり、

「良いわんちゃんと出会ったね」

と言うと、肩の上でくるっと宙返りをした。

もう馴染みになった黒い渦の中に、わたしは吸い込まれていった……。

∞

気がつくと、わたしは横たわるハルの傍に立っていた。

「もう、ハル君は呼吸もままならない状況です。このままだとすぐに死んでしまうかもしれません。人工呼吸器をつけますか?」

と医者が言った。人工呼吸器をつけたとしても、数日の延命が保証されるだけで、何日保つかはわからないのだった。

「ハルをこれ以上苦しませることはできません。もう十分です。

半年一緒にいただけで何10年分の、１００年分の愛情をもらったし、体験させてもらいました。先生、ありがとうございます。

このまま看取らせてください」

わたしたち夫婦は、両手にハルを抱いていたが、数時間後、大きな暖かいハルの身体から魂が旅立って行った。

わたしたちは、小さな庭にハルの供養塔を建てた。

晴れた日には、供養塔の傍にガーデンテーブルを出して、夫とお茶を飲みながらハルに話しかける。

どこからか、元気に返事をしてくれるような気がした。

いつもわたしの気持ちに寄り添ってくれる夫と、今は二人で前を向いて歩き出している。

結婚して21年が経とうとしているが、大切なものを失ったことを乗り越えて、ようやく二人、きちんと向き合えた気がした。

「あなたたち、犬から子ども以上に大事なことを学んだね」

近くの枝から、そんな声が聞こえた。

88次元ドクタードルフィンからの視点

片山茜さんにとっての宇宙人は、ウグイス、そして秋田犬のハル君でした。

そして柴犬を買っていった中年男性もそうです。

動物は純粋です。

人間は彼らに比べたら、濁っていますね。

なぜなら、人間はエゴが強いからです。

自分が得をするために生きる知恵がある、だからエゴが強いのです。

そして、そのエゴは脳からきています。

人間が動物から一番学べるのは、脳を使わない魂のコミュニケーションです。

動物は純粋ですから、人間も本来の魂で接しやすいのです。

エゴを取り去った魂のコミュニケーションの中で、本当の純粋な自分を育てていかないといけません。

人間にとって必要なものを、動物が引き出してくれるのです。

動物は人間を喜ばせてくれたり、悲しませたりしますが、そこに損得がありません。

そもそも魂は、全く違うタイプからの学びが大きいものです。

種族が違う動物からの学びは特に、とても大きいのです。

ですから、動物を人間より下の生き物として見るのではなく、わたしたちより純粋で、よりエネルギーの高い生命体だと心して接してください。

story 11 認知症

わたしは望月芳恵、45歳。わたしの母。菊江は、今年で78歳になる。

ご近所さんや親戚などはみんな、気軽に「菊江《きくえ》さん」と呼ぶ。

母はこの界隈《かいわい》ではしっかり者で通っていた。

記憶力抜群で、町の子どもたちの名前や、わたしの幼稚園のときの同級生が今どこに勤めているか、子どもが何人生まれたというようなことまで把握しているのだった。

人が困っていると、たとえ見ず知らずの人であってもすぐに手を差し伸べて世話をしてあげるような、根っからの世話好きというタイプだ。

父とは本当に仲が良く、父が元気だった頃は二人で旅行に出かけ、歳をとって足が弱った父との遠出が難しくなると、夫婦で近所の公園に散歩に出かけた。

わたしたち子どもが独立すると二人っきりになったが、父と母はいつも仲良しだった。母は、父との生活がいつまでも続くと思っていたに違いない。

ところが、ある年の年末に、突然父が、脳出血で亡くなってしまった。母にとって、これほどのショックはなかっただろう。見守るわたしたち家族もつらくなるほど、母の様子は変わってしまった。

これまで、夕食のときはいつも最後にフルーツを摘まみ、テレビを見ながら父と話をしていた。それが、母の一番好きな時間だった。

父が亡くなってからは食欲もなくなり、母はどんどん痩せ衰えていった。

夕食が終わるとお仏壇の前に行き、父の写真をじっと眺める。

「お母さん？」

と話しかけても、振り返りもせず、答えることもなく、ただひたすらに父の写真を見つめていた。

そんな状況が続き、父が亡くなってそろそろ1年が経つ頃、母が、

「ほら、前にね、近所に住んでいた、あの人……あら、名前は何だったかしら……」

と言った。

あれだけ人の名前をすぐに言えていた母だったのに、この日を境に知り合いの名前をどんどん忘れていった。

友人の名前を忘れると、今度は友人であることすら忘れていった。

友人が会いに来ても、

「どちらさんですか？」

と言う。以前の母を知っている知人や家族には信じられないような、衝撃的な姿だった。

「お義父さんの死が、記憶をなくしてしまうほどショックだったんだね……」

そう夫は言った。


母は父の死以来、一気に老け込んで身体も弱ってしまい、近頃はベッドに寝ていることが多くなった。いつものように、電動ベッドで上半身を起こし、ベッドサイドのテーブルをセットする。

「お母さん、ご飯よ」

と声をかけながら、食事を並べた。

「はい、どうもありがとうございます」

と、やけによそよそしい。

「お母さん、わたしよ？　わかるよね？」

「え？　ああ、わかっているよ」

母はそう言ったが、わたしはショックだった。

母はとうとう、娘のわたしのことすら忘れようとしている。

父が亡くなったとき、もっと母に寄り添って悲しみを分かち合い、癒やしてあげられたらよかったのだろうか。もっと家族としてできることがあったのではないだろうか……。

父が亡くなってからの日々を思い起こし、わたしは自分を責めた。

（父と一緒に夕食を取ったあとのように、もっと母と話をしよう）

「あの、お母さん、前にね……」

昔話をしようと話しかけたとき、

「うるさいわね」

突如、母が冷たい声で言った。わたしは一瞬で凍りついた。

すると、母の傍に置いた水差しから暗い渦のようなものが湧き上がり、大きく広がってわたしを包み込んだ。

∞

気がつくとわたしは、ダイニングテーブルに座っていた。目の前に座る母と二人で、ココアを飲んでいるところだった。

昨年末、父が突然の脳出血で亡くなり、一人になってしまった母は、わたしたち夫婦の家で暮らすことになった。

昔からしっかり者で評判だった母は、父が亡くなってからも、気丈に振る舞っていた。父が亡くなってすぐ、母の知人友人が次々訪れては、

「大丈夫？　気落ちしないでね」

と、声をかけてくれるのにも、

「大丈夫よ！　娘もいるし孫もいるし、寂しくないわよ」

と笑っていた。

しかし、わたしは知っていた。自室で一人になると、そっと父の写真を見つめて泣いているのを。

「あなた……会いたいわ。なんでもう会えないの……」

そうくぐもった声で、つぶやいているのを。

わたしは、マグカップを手で包み込みながら、

「ねえ、お母さん。お父さんのことを考えると、辛い？」

と聞いてみた。母は、

「そうだねえ……」

としばらく黙ってしまった。

そしてその顔に、じわじわと悲しみが広がっていった。

「……友達はみんなああやって心配してくれるから、元気にしなくちゃ、と思うけれど、本当はね……お父さんのことを思い出すと、寂しくて辛くて……今でもお父さんの顔や声をはっきりと思い出せるし、それは嬉しいんだけどね、でも、思い出すほど苦しくなるんだよ」

「寂しいのね？

大丈夫よ。お父さんはきっと、天国から見守っていてくれるわよ」

すると母は顔を歪め、

「違うんだよ。

お父さんが天国にいようが、どこから見てようがそれはいいのよ。

わたしはただ、前と同じように、お父さんと向かい合って、目の前にいるお父さんと話をしたいだけなの。二人でバカな話をしてずっと笑っていたいのよ。

ああ、そうやって話しながら、わたしも一緒に死んでしまいたかった……。

お父さんと楽しくしていたことを思い出して、毎日こんなに辛い気持ちになるのなら、いっそ全てを忘れてしまったほうが楽だわ……！」
と言って慟哭《どうこく》した。
母が突っ伏した勢いでマグカップがひっくり返り、ココアがこぼれ出て渦を巻き、わたしは
そこに吸い込まれていった。

∞

気がつくと、施設の廊下から、母がいる部屋の様子を見ていた。
父の死後、気落ちした母は認知症を発症し、瞬く間に完全に記憶をなくしてしまった。
今の母は無邪気に施設のお友達とカルタをしたり、笑いながら話したりしている。こんなに
純粋に楽しそうな、弾けるような母の笑顔を、わたしは見たことがなかった。

完全に記憶がなくなってしまった母を施設に入れるか考えたときには、

(母を邪魔者扱いしてしまっているのではないか)

と罪悪感に苛まれた。

もう少し、娘としてできることがあるのではないか、隣に寄り添って、少しでも父を思い出

すように、父が残したものと一緒に暮らしていくほうがいいのではないか……。

親戚はみな、

「あんなにしっかりした人だったのに、認知症で記憶も全て失ってしまうなんて、かわいそうに」

と言った。

しかし、今の母を見るとどうだろう。

まるで、生まれたての赤ん坊のように無垢だ。

(子どもから大人になって歳をとっていくうちに、人はだんだんと濁っていくものなのかもしれない……)

今、母は濁りのないように見え、とても幸せそうだった。

その幸せそうな横顔を見ていると、突然、真っ黒な闇から渦が出てきて、わたしを飲み込んでいった。

∞

「ああ、いつもすみませんねえ」

そう言って母は、食事を並べたわたしに頭を下げた。

母はもう、娘であるわたしのことも忘れてしまい、最近は、自分の名前ですら朧《おぼろ》げだ。

しかし、孫である5歳の娘の名前は、なぜか覚えているのであった。

娘が近づいてきて、

「おばあちゃんかわいそう……」

と言った。わたしが、

「あのね、おばあちゃんはかわいそうじゃないのよ。おばあちゃんはね、今までたくさんいろんなことを頭の中に溜めていたの。けどね、生きているうちには、楽しいことばっかりじゃなくて、悲しいことも悔しいこともたくさんあったのよ。

長く生きてると、そういう重たい荷物みたいなものをいっぱい溜めてしまうの。重たい荷物をいっぱい持っていると疲れちゃうでしょう？

重くてしんどくて、ゆったり穏やかに生きていけないの。

だからね、重たい荷物は捨てて軽くなって、これからおばあちゃんは赤ちゃんみたいに生きていけるのよ」

と言った途端、母が娘の顔を見た。

そしてにっこりと微笑むと、

「そうよ、わたしは赤ちゃんよ。今が一番幸せ」

と言った。

88次元ドクタードルフィンからの視点

芳恵さんの宇宙人は、お母さんの菊江さんでした。

知識情報をたくさん詰め込めば大人になれるように思われていますが、本当はピュア、つまり純粋無垢が極まるのが魂でいう「大人」なのです。

『魂の大人＝地球の赤ちゃんや子ども』

つまり、地球の常識とは真逆なのですね。

スピリチュアルの世界でも、いろんな知識を仕入れようとする人がいますが、むしろそれでは魂はピュアになれません。そんなことで、振動数は上げられないのです。

振動数を上げるということは「赤ちゃん化」すること。

本当に進化したければ、余計な情報を全部削いで、シンプルになりきることです。

story 12

自殺

わたしは山野重敏《やまのしげとし》、51歳になる。

わたしは、川崎市で小さな部品工場を営んでいる。

工場を開業した頃、わたしは28歳だった。

ときは、高度成長期。

車から、テレビなどのさまざまな家電が、これでもか！　というほど次々と生産され、部品を扱ううちの工場も大忙しで景気が良かった。

そういった好景気が10年ほど続き、次の10年は、業績は落ちたものの生活を楽しむには十分であった。

問題は、その後の10年間であった。世の中がガラリと変わってしまったのだ。

以前はマイカーを欲しがっていた首都圏の人が車を持たなくなってきて、インターネットの普及によりテレビを買わない人も多くなった。スマートフォンの台頭も大きかった。

そんな状況下、部品の発注もことごとく減った。

技術が上がり、家電自体が壊れにくくなったというのも原因の一つだろう。

この不況を受け、わたしは50歳で銀行から融資を受けた。

しかし、業績は下がる一方。その融資を滞りがちな支払いに当てたり、他にも根本的な見直しを測ってはみたものの、状況はなかなか好転しない。

融資の返済期間はあと10年だ。自分が60歳になるまでに会社が持ち直すとはとても思えなかった。


わたしには妻と3人の子どもがおり、5人家族だ。

(子どもたちが自立するまでは、なにがなんでもこの工場を守らなくては)

と、命に代える覚悟でやってきた。

1日中汗だくで、営業に走り回った。門前払いされることも多かったが、昔からの縁を大事にしてくれる顧客からは、細々と注文が入っていた。


そしてこの春、末っ子がめでたく自立した。

走り回った日々が急に、遠い過去のことのように思えた。

融資の返済期限は、まだ数年残っている。ほんの数ヶ月前には返済費用の捻出に必死であったが、自分を奮《ふる》い立たせていた責任感や覚悟が、急速に薄らいでしまった。

傍には、ずっと苦労を強いてきた妻がいる。最後に妻を旅行に連れて行ってやったのは、いつだったろう。

(わたしは経営者としても、夫としても失格だな……)

このまま脱力していても、減り続ける発注を盛り返すことなどできない。

返済の目処が立たず、自己破産という言葉が頭の片隅に浮かぶが、子どもの手前や、妻に今後もさらに惨めな生活を強いることを考えると、思い切れなかった。

足を棒にして営業しても、世代交代で新体制になった顧客からは、もう契約を切られることも多くなった。


逃げ場のない思いから、以前はほんのささやかに楽しんでいた晩酌の杯を、何杯も重ねるようになっていった。

気分を紛らわせようと毎晩酒をあおる。

それでも不安や焦りは消えないのだが、どうにもならない状況を一時でも忘れさせてくれるのは酒だけなのだ。

毎晩、酩酊するまで酒に溺れた。

すると、だんだんと常にだるさ、疲れを感じるようになってきて、食欲もない。

妻の勧めもあって病院で検査を受けると、アルコール性の肝硬変と診断された。

肝硬変はタチが悪い。一度変性してしまった肝臓は、もう元には戻らないという。

ある意味、がんより恐ろしい病である。

「お酒を断たないと、本当に命がなくなってしまうよ」

そう医師に脅された。妻にも、

「あなた、身体あっての物種なんだから、いいかげんにお酒はもうやめてください」

と厳しく言われている。

仕事が終わって家に帰り、酒も飲めず、ただ妻と二人でテレビを見ているだけの、息を潜めて過ごすような日々。

布団に入っても酒なしでは眠気がなかなか訪れず、先行きを考えて無性に怖くなる。

このまま事業が盛り返すことがなかったら、どうなっていくのだろう。

わたしの病んだ肝臓は、まるでうちの工場のようだ。

身体もよくならず、工場も傾く一方で、未来にどんな希望を見出せばいいのか。

「はたらけどはたらけど猶、わが生活楽にならざり、ぢっと手を見る」

この詩を詠んだ啄木も、わたしのように苦しさでいっぱいの毎日だったろう。

何軒も企業を回り、そのたびに断られ、営業費の持ち出しや、出費ばかりが増えていった。

失敗の繰り返しには、人格までも否定されているようで、

「もはやわたしには、何の価値もないのだ……」

と、重く気が沈んだ。

同業者もみな、不況に喘《あえ》いでいる。苦しいのはうちだけではないと自らに言い聞かせながらも、わたしは職場に出る気力も失っていった。

今や少なくなった従業員で、工場は何とか回してもらっている。

（みんな頑張ってくれているのに、社長が怠けてどうするんだ！）

と自分を奮い立たせようとするが、家から1歩外へ出ると、世間や従業員たちが自分を責めているように思えて、往来で立ちすくみ動けなくなってしまった。

また、目をつむるとさまざまな不安がいっそう湧き上がってくるために、夜は眠れなくなった。


「鬱ですね」

病院で診断が下り、抗うつ剤を処方された。

今、鬱は多いと聞く。だが、まさか自分がそうなろうとは。

(鬱、とはこういうものか)

しかし、抗うつ剤というものに抵抗があった。

はじめのうちは飲まずに我慢していたが、紛らわせる酒も飲めない。やはり、眠れないのはとても辛かった。

(抗うつ剤を飲むしかない)

覚悟して飲んでみると、重苦しい気持ちがほんの少し晴れた気がして、それからは抵抗がなくなった。

しかし、しばらく飲み続けていると、以前ほどの効き目がなくなってきた。

医師に、

「もっと強いものをください」

とお願いしてみても、

「これ以上、強い薬は出せませんよ」

と言われてしまった。

もはや、抗うつ剤以外でわたしの鬱を紛らわせるものはない。

薬が切れると、悪化の一途の業績や、回復しない肝硬変への不安で頭がいっぱいになり、狂いそうになる。

八方塞《ふさ》がり、……もう無理なのかもしれない。

（これ以上、生きていてもしかたないかなあ……）

そう思ったとき、リビングから見える暗い廊下の向こうに、人影が浮かんだ。

頭が大きく細い手足。目が大きいが瞳はなく、目の中が全て黒い。

宇宙人とはこんな感じだろうか。それがだんだんと近づいてきても、妻は反応しなかった。

妻には見えないらしい。わたしの幻覚なのだろうか。

きっと、わたしの頭はもう完全におかしくなってしまったのだろう。

突然、それが直接、わたしの頭の中に語りかけてきた。

「あなたはね、もう充分頑張ったよ」

その声を聞いた途端、それが立っていた廊下の奥から、ゴウッと音をさせて闇が渦巻きながら向かってきた。

わたしはなすすべなく、その闇に飲み込まれた。

∞

目を開けると、わたしは天井から寝室を見下ろしていた。

「わたし」が布団に横たわっており、その周りには家族が集まっていた。

まだ小さい孫もおり、友人知人も数人いる。

「わたし」の顔色は生きている人間のそれではなく、ピクリとも動かない。

知人がヒソヒソと耳打ちする声が聞こえてきた。

「本当にかわいそうに。工場の経営がもう危なかったそうだよ。それを苦にしたんだろうなぁ……でもまさか……まだまだ若いのに自殺してしまうなんて」

「少しでも相談にのってあげられたらよかったんだけど……」

「身体も悪かったそうだよ……」

妻が「わたし」の肩のあたりに突っ伏して、

「本当に、本当にごめんなさい。わたしがもっと頑張ってあなたを支えてあげられていたら。死んでしまうほど苦しんでいたなんて。身体も辛かったのね。苦労をみんな背負って一人で死んでしまって。わたしのせいだわ」

と泣いていた。

子どもたちはみな口々に、

「お母さんのせいじゃないよ」

と慰めるが、それぞれの目には涙と悲しみが満ちていた。

「本当に父さんはよく頑張ったよ。一生懸命工場を守ってくれた。従業員たちが少なくなっていって、経営が苦しいのは僕たちにもわかっていたけれど、それでも父さんが必死になって、何とか工場を保たせてくれた。僕たちが一人前になれたのは、全部父さんのおかげだよ。こうやってうちにも子どもが生まれて、孫と遊んだり、やっと楽しく過ごるはずだったのに、なんで何も相談してくれずに死んでしまったんだ……」

長男がそう言って肩を落とす。

（ああ、わたしはバカなことをしてしまったな……）

後悔が広がった。

ふと、家族の座る隙間に、あの宇宙人みたいなモノが座っているのが目に入った。異様な風体なのに誰も気にしていないのは、見えていないせいだろう。

それは天井近くに漂う「わたし」をじっと見つめて、

「何も後悔することはないんだよ。これがあなたのシナリオさ。そして、地球であなたの生きる道だったんだ」

と言った。

経営がうまくいかず、肝硬変と鬱を発症し自殺した、これが『生きるシナリオ』？

釈然とせずいると、また黒い渦が広がって、わたしを飲み込んだ。

∞

ドアを激しく叩く音がする。

妻がインターホンに向かって、

「もう少し、もう少し待ってください！」

と泣きながら震える声で言っていた。

わたしはドアから遠く離れて背を向け、物陰に蹲《うずくま》って隠れている。

わたしは死んでいなかった。

銀行の借金を返済できず、高金利の闇金に手を出して借りては返すという自転車操業に陥っていたのだ。

破綻は明確に見えていたのに、それでも目の前の借金を思うと気が狂いそうで、どうしようもなかった。

闇金の取り立ての怒号に怯え、人生、お先真っ暗だ。妻も、わたしの精神も、もう限界だった。

わたしたちはひっそりと荷物をまとめ、社用の軽自動車で夜逃げした。

二人で車に乗り込み、踏ん張って続けてきた工場を捨てて逃げ出したのだ。

子どもたちにだって向ける顔がない。みんなが帰ってくる場所である、住み慣れた家も捨ててきてしまった。

「ねえ、このまま……、海に飛び込んじゃおうか」

妻がぽつりとつぶやいた。

この先、どうやって生きていけばいいのか。

わたしたちの人生とは、一体なんだったのだろう。

妻が言うように二人で海に沈んだら、この人生に幕を引ける。二人とも楽になる……今のわたしには、それはとても魅力的なことだった。

名もない波止場で、真っ暗な海に向けて車を停めた。

妻の目は乾いており、疲れきっているのが見てとれた。毎日毎日泣いて、とうとう身体中の水分が出尽くして、しぼんでいるようだった。

申し訳ない。何もしてやれなかった。

無言でサイドブレーキを下ろすと、車はゆるゆると海に向けて進んで行った。

何気なく見やったバックミラーに、何かが映っている。後部座席に、誰かが座っていた。

（ああ、あいつだ）

妻には見えないようだが、それはわたしにはお馴染みのモノだった。

アクセルを踏む。

「人間はどんな生き方をしたとしても、魂が望むものしか体験しないんだよ」

と、後ろでぼそりと声がした。

墨汁のような海に飛び込む瞬間、海が大きく渦を巻くのが見えた。

∞

自殺をした10年後の世界。

家族には、死亡保険金が入ったようだ。その保険金のおかげで妻は家を手放さずに済み、人並みの生活を続けることができていた。

あの傾いていた工場も妻が社長となり、残った従業員と共に何とか10年間続けて、とうとう借金を完済した。

10年間の苦労は計り知れないけれど、妻の未来にはもう自由な生活が待っている。年金だけでも、穏やかに生活ができるのだ。

妻が、わたしの遺影に手を合わせて言った。

「あなたが死んでしまったときは、本当に辛くて悲しくて、ずっと自分を責めてばかりいたわ。でも、あなたは命をもってみんなを守ってくれたのね。

確かにあのままだったら、わたしたちも従業員たちも、路頭に迷うしかなかったかもしれない。でも今は、何にも怯えなくていい生活ができているの。

あなたが自ら命をたったのは、わたしやみんなのことを思ってのことだったのね。あなた、ありがとう」

妻の笑顔が見えた。


わたしは自分の人生に自分で幕を引くことによって、命より大事な家族を守ることにつながっていた。

それは総じて、「最高の人生」と言えるだろう。

やせ細り、いつも虚ろな目をしていた妻だったが、最後に見た妻の笑顔は、穏やかで慈愛に満ちたものだった。

「地球では、自殺は悪いことだと言われるけれど、宇宙規模の感覚で見ると、良いとか悪いといった話ではないんだ。命をどこで幕引きするか、幕引きの仕方も全部、自由に自分で決めるんだよ。

死は自分も学ぶし、周りも学ばせるんだね」

宇宙人がつぶやいていた。

88次元ドクタードルフィンからの視点

山野重敏さんのつらい人生の中では、たびたび宇宙人が顔をのぞかせています。

自殺は、死や病気以上に、『禁断の領域』とされています。

地球でいうと、キリスト教でも禁じている行為ですね。

しかし、地球では集合意識が「自殺は悪」だと設定しているだけなのです。


まず、宇宙には善悪はありません。

宇宙的な視野で捉えると、地球で起こることは全てが『善』。自殺でさえ、悪ではないのですね。

魂の進化・成長のために必要な課題、体験は全てが善なのです。

そして魂を進化・成長させないものは、もともと魂が選びません。

自殺は、地球にソウルインする前の約束を遂行した、必然のものです。

地球にいるあなたの脳が介在しない魂の意識が、もっと進化・成長するためにしてきた約束――自分の人生に自ら幕を下ろすことを、自殺という事実を受け取る側（家族）と一緒にシナリオ作りをして、ソウルインしました。

ただ、地球で生まれた瞬間に、その約束を忘れてしまうので、双方が大変に苦しくつらい思いをするのです。つらい分、そこから学べることもとても多いですし、自殺によって周囲の学びが大きければ大きいほど、魂の進化・成長も大きい課題です。

しかし、自殺した本人のエネルギー自体はそんなに進化・成長できません。周囲の捉え方が大事なのです。

学校、周囲、社会が、「自殺した人は弱い人、悪い人だった、負け犬だった」と捉えるのではなく、「あの人は身を持ってわたしたちに学ばせてくれた」と感謝とともに捉えることが大事なのです。

魂の約束事として、必然で最高の設定で人生の幕を引いたのだから、周囲や家族には落ち度もない、罪悪感も持つ必要がない、喪失感や悲しみも持つ必要がないのです。

悲しみに明け暮れ故人を恨んだり自分を責めたりして、魂のレベルをお互いに下げたまま生きるのではなく、大きな学びに感謝し、穏やかに生きることがなによりの生き方なのです。

story 13 アトピー

わたしたち夫婦に、待望の赤ちゃんが生まれた。

わたしは山口梓《やまぐちあずさ》、今年41歳になる。

結婚して15年が過ぎ、諦めた矢先の妊娠だった。

高額な不妊治療など、いろいろ試すうちにいつのまにか歳をとって精神的にも辛い思いをしてきた。

いつまで経っても妊娠できない自分にも嫌気がさしてイライラが募り、のんびり屋の夫に当たり散らしたりもしていた。

もう、いいかげんに諦めようと、夫と二人で、

「子どもがいなくても、二人で楽しい人生にしていこう」

と話し初めていた最中だったので、まさに青天の霹靂だった。

わたしに子どもを持つ準備がやっとできたのか、それとも子どもを授かることに執着しなくなったからなのか……。

宇宙からのギフトが舞い降りたようだった。

十月十日《とつきとおか》で生まれて来てくれたのは、女の子だった。

溢れる喜びの中、生まれたばかりの我が子を抱いて「生まれてきてくれてありがとう」と、心の中で感謝を繰り返した。

そして、「美しく麗しくあるように」という願いを込めて、「美麗」と名付けた。


無事に出産を終え、1週間ほど病院にいる間、少し気になることがあった。

娘の全身の肌の赤みが、なかなか引かないのだ。

(まあ、でも生まれたばかりの子は赤いものだし……)

と思ったが、なんだかカサつきも目立つ気がする。

(家に連れて帰ったら、きっと落ち着くでしょう……)

しかし、自宅に戻って数週間経っても、やはり赤みは引かない上に、痒みもあるようだった。

まだ薄い爪ではあったが、自ら患部を掻き壊してしまうので、肌に残った傷跡が痛々しかった。

1ヶ月検診のとき、皮膚の赤みと痒みについて主治医に相談したところ、血液検査となった。

そして、数日後、「強度のアトピー」と診断された。

わたしも、子どもの頃にアトピーだったのだ。もしかしたら、娘に遺伝しているのかもしれない。遺伝はどうしようもないことだが、娘に申し訳ない思いで一杯だった。

わたしは物心つく頃に何とか治ったけれど、この子はどうだろうか……。

医師の指導による娘のアトピーの治療は、まだ乳幼児ということもありステロイド剤は使わずに、抗ヒスタミン系の抗アレルギー薬を使用した。

その塗り薬で多少は良くなるが、効果は持続せず、症状が良くなったり悪くなったりと波がある。

あるときに突然症状が悪化し、娘は痒さで泣きじゃくった。

「かわいそうに、痒いよね。辛いね」

むずかる娘を懸命にあやしていると、突然、娘が目を見開きわたしの顔を凝視して、

「ママ、わたし大丈夫だから」

と言った。

その瞬間に目の前に湧き上がった黒い渦に、わたしは吸い込まれていった。

∞

わたしの娘は女子高に通う高校1年生。思春期真っ只中だ。

小さい頃に発症したアトピーは、今も猛威を振るっていて、娘はいつもステロイド剤を携帯している。

アトピーがなければ、我が娘ながらなかなか可愛らしい顔立ちだと思うのだが、アトピーの症状が目立つ肌のことで何かとからかわれるのか、いつもイライラしていた。

「学校に行きたくない。楽しくないんだもん」

といつも言っている。ヒステリックに暴れることもたまにあった。

自分も通ってきた道なので、苛つく気持ちはとてもよくわかる。

周りの友達みたいにキレイな肌だったら。こんなカサカサな肌じゃなかったら。

思春期特有のキラキラの時期に、アトピーはとてつもなくストレスだ。

ただ、高校生になり生意気な言葉も出るようになって、わたしも職場でのストレスからなかなか穏便に対応し切れず、わたし自身もいつもイライラするようになっていた。

娘もイライラ。

わたしもイライラ。

そんな雰囲気が当たり前のようになっていたが、ふと気がついた。

「わたしが比較的穏やかなときは、娘も少し穏やかな気がする。

わたしが仕事でイライラしているときは、娘もイライラしてアトピーの症状もひどく出ている気がするわ……」


あるとき、またいつもの喧嘩が始まった。

職場での人間関係がうまくいかず、イライラしながら帰宅すると、靴も脱がないうちに娘が、

「ねえ、お腹空いた！　早くご飯作ってよ」

と言ってきた。ついカッとなって、

「わたしは仕事で忙しいんだから、自分のことは自分でしなさいよ！　もう大きいんだから！」

と怒鳴ってしまった。

すると、娘は目を見開いてニヤッと笑うと、

「ママ、今とってもいい勉強してるね！」

と言った。意味不明なその言葉にとっさに返せずにいると、玄関の隅から黒い渦が湧き上がり、わたしはそこに吸い込まれていった。

∞

わたしはスーパーで働いている。

人間関係は良好で、仕事ぶりが評価されてリーダーも任され、とてもやりがいのある職場だった。


家に帰ると、高校生の娘が夕飯を作っていてくれる。

「お母さんおつかれさま！　いつもありがとう」

そんな嬉しいことを毎日のように言ってくれる、自慢の娘だ。いい子に育ったものだ。

その娘の手を見ると、とてもキレイなので、

「あれ？　あなたアトピーじゃなかった……？」

と声を上げた。

「やだ、お母さん何言ってるの、今頃になって。小さいときに治ったじゃない」

娘はわたしの目を見て、

「治ったのもママのおかげだよ。ありがとう」

と言った。

その声と同時に、娘が持ったグラスの中の黒い液体が波立ち、大きな渦となった。

わたしはそこに吸い込まれ、幸せな食卓から引き離された。

∞

気がつくとわたしは、火がついたように泣きじゃくる娘を必死にあやしていた。

娘の頭を撫でつつも、わたし自身がとてもイライラしていることにも気がついた。

娘のアトピー以外にも、育児休暇後の職場復帰についても、アトピー治療の相談にあまりのってくれない夫について……いろいろなことで頭を悩ませていた。

職場復帰はしたいが、娘がこんな状態なのに人に預けて働きに行ってよいものなのか、という疑問もよぎる。

でも、今後も娘の治療費や教育費など、お金はたくさんかかるから働かなくては……といったループ状態だった。

そんな最中のある瞬間に、なぜだかふと、こんな想いが私の心の中にめぐった。

「そうか、わたしのこのイライラがあなたに伝播《でんぱ》していたのね。あなたの痒みも癇癪《かんしゃく》も、全部ママが原因だったんだわ。

「イライラしてごめんね」

不思議なことに、なんとなく原因がわかって、少しすっきりしてきた。いつも辛い目にあっている娘に申し訳なさと感謝の念が湧いてきて、

「大事なことに気づかせてくれて、ありがとうね」

という言葉が自然に口から漏れた。

不思議な平行世界《パラレルワールド》での体験から、娘がわたしを学ばせてくれていることがわかった。

そして、わたしが変わらないと娘も変わらない、前向きに悩みを解消しつつ、穏やかに娘に向き合っていこうという気持ちが芽生えていた。


その夜、わたしは出産後初めてゆっくりと睡眠が取れた。

夢の中、わたしは広い宇宙にいた。

そこである子どもが、地球に誕生する準備として母親を選ぶ様子をじっと見ていた。

その子はこう言った。

「この女の人はイライラしているから、落ち着いて、楽しくなってもらえるように、ワタシが学ばせてあげるんだ」

そうしてわたしの中に宿り、赤ちゃんとして産まれてくるまでの様子が、まるで映画のよう

に宇宙に浮かび上がった。

パッと目を覚ますと、わたしは泣いていた。隣で眠る娘を抱きしめて、語りかけた。

「ありがとう。わたしの学びためにあなたは産まれてきてくれたのね……！　わたしを選んでくれて、ありがとう」

抱きしめていた手をゆるめて娘の顔を覗き込むと、あれだけ赤く傷だらけだった娘の肌は、すっかりキレイになっていた。

驚きで言葉を失っていると、娘がぱっちりと目を開けて、

「よかった。本当のママになってくれて」

と言って、にっこりと微笑んだ。

88次元ドクタードルフィンからの視点

山口梓さんの宇宙人は、娘さんでした。

アトピーとは、免疫が過敏、過剰に働いてしまう病です。

喘息やリウマチ、膠原病でも同じですが、アトピーと喘息は外的因子（外のものに対して反応する）に対する反応であり、リウマチや膠原病は、自分の細胞（内的因子）を攻撃してしまいます。

初期段階が喘息やアトピー、それがひどくなるとリウマチのように自分の細胞を攻撃するようになってしまうのです。

子どもは親の鏡といいますが、子どもが強烈なアトピーになる要因として、母親が過敏に世の中に反応している、ということが多くあります。

家族や周囲、会社、社会に過剰に反応し、それらに対して攻撃しているのです。

つまり、免疫細胞が母親なのです。

母親が穏やかになったら、免疫細胞も穏やかになります。

大人がアトピーで苦しめられるのは、イライラしている自分を学ばせるためです。

一方、赤ん坊が生まれながらに持ってくるアトピー症状は、親に学びをもたらすためなのです。

story 14 流　産

何か、温かいものに包まれているみたい。

ここはどこかな？　何か音はするけれど、真っ暗だ。

身体も自由に伸ばせないみたい。

〈わたし〉はここで何をしているんだろう。

何かを学びに来たのは覚えているけれど、何を学びに来たんだっけ……？


柔らかい声が聞こえてくる。あの声は「お母さん」。いつも話しかけてくれる。

〈わたし〉の声は、まだお母さんには届かないけれど。

そうだ、ここはお母さんのお腹の中だ。

お母さんの声は優しい。〈わたし〉に会うのが楽しみなんだって。

〈わたし〉も楽しみ。

お母さんのお腹に入った頃より、〈わたし〉の身体は大きくなった。もっと大きくなったらお腹の外に出て、お母さんと会えると言われた。

お母さんはどんな顔をしてるのかな。お母さんと一緒に、どんなことをしようかな。

ね、お母さん。

∞

わたしは唯原聡美《ゆいはらさとみ》、39歳。

妊娠してから、お腹の子に話しかける毎日を送っている。

お腹の中ではどんな音がしてる？　わたしの声は聞こえてるかな？

主治医の先生は、

「まだ耳の器官はそこまで発達していないから、聞こえないですよ」と笑って言うけれど、
なんとなく聞こえているように思える。

妊娠がわかった2ヶ月頃の腹部エコー写真には、そら豆みたいなものが写っていたけれど、
3ヶ月になる頃にはクリオネみたいな形に成長しており、少し目鼻立ちが確認できる。

耳の形は、お父さんかお母さんに必ず似るんですって。どちらに似るのかしら。

お母さんはね、君との未来をとっても楽しみにしているよ。

妊娠5ヶ月になったある日、これまで順調だった成長状況に異変が起こった。少量だったが、出血があったのだ。

量の少なさから最初は気にしていなかったけれど、ここ数日、痛みの伴わない不気味な出血が続いてる。高齢出産なこともあり、だんだんと不安に押しつぶされそうになって主治医に相談した。

「……とても申し上げにくいのですが、これは全前置胎盤《ぜんぜんちたいばん》ですね。胎盤が子宮の下のほうに付着してしまって、内子宮口を塞いでしまっています。しかも癒着《ゆちゃく》胎盤《たいばん》を合併している。

これは非常に危険な状態で、胎盤剥離時には大出血を引き起こします。出産は自然分娩ではなく帝王切開手術となりますが、赤ちゃんどころかあなたも死亡するリスクが高いのです。実際に、手術中の出血で、お母さんが亡くなった例もある。

今回の出産は、諦めていただくほうがよいでしょう。残念ですが、人工中絶をお勧めします」

日の前が真っ暗になった。出血以外には痛みも何もなく、子どもを諦めなくてはならないほど重篤《じゅうとく》な状態とは、とても思えなかった。

お腹の中で育ってきたこの子には、何の落ち度もないというのに。

ごめんね。ごめんね。産んであげられなくてごめんなさい。


今まで暖かで平和だったのが、突然苦しくなってきた。

苦しい。息ができないよ。

お母さん、苦しいよ。

外の声が聞こえる。お母さんの声と別の声が騒がしい。

いつも優しいお母さんが泣いている。ごめんねって言っている。

ごめんねってなんだろう。〈わたし〉には言葉の意味はわからないけれど、お母さんの悲しい気持ちが伝わってきた。

「あなたは何も悪くないのに、お母さんのせいでごめんね」

何か、とても悲しくて悪いことが起こったということはわかった。


突然、何かに強く引っ張られた。

気がつくと、暖かで暗い場所から、寒くて明るい場所に引き出されていた。

お母さんが、

「ごめんね、ごめんね」

と〈わたし〉に言っている。お腹から出たら、お母さんの声はこんなふうに聞こえるのか……。

そう思った途端、〈わたし〉の意識は遠くなった。

ああ……、〈わたし〉は死ぬんだ。お母さんと手をつなぐこともないままに。

途切れそうな意識の中で、横に何かがいるのを感じた。

周りでは悲しんだり泣いたりしている人ばかりなのに、ただ一人だけ、こちらを見てニヤニヤと笑っている。黒い目がとても大きく、明らかに異形だった。不気味なニヤニヤ笑いが、顔いっぱいに広がっていた。

（なんでこの人だけ、笑っているんだろう？）

ふいに〈わたし〉の視界いっぱいに真っ黒な渦が広がり、〈わたし〉はその渦に吸い込まれていった。

∞

少しレトロな雰囲気の喫茶店で、わたしは母と向かい合ってパフェを食べていた。わたしは唯原奏絵《ゆいはらかなえ》、中学3年生。

所属している吹奏楽部ではクラリネットを担当しているが、そろそろ引退だ。

受験に本腰を入れなくてはいけない。わたしは、近くの女子校を受験することに決めていた。

パフェをゆっくり食べながら、母は、

「お母さんね、あなたがいないと生きていけないわ」

と言った。

「お父さん今、何してるかな」

とわたしはつぶやいた。

父と母は価値観が合わず、数年前に離婚している。

「そうね、何してるのかな。

お父さん、いいところもあったけれど、乱暴なところもあった。お父さんが愛しいと思うときもあったけれど、このまま一緒にいたらあなたのためにも良くないと思って別れたのよ。

お母さん、しょっちゅう風邪引いてるでしょう？　体力もないし、お父さんもいないから、
本当にあなただけが頼りよ。

わたしにとって、あなただけが生きがいなんだから。

いつかあなたが結婚しても、お母さん一緒に住みたいなあ」

母はいつもそう言っていた。

母とわたしは、自然豊かな日光で暮らしていた。

希望していた高校に進学できたわたしは、やはり吹奏楽部に入り、友達もたくさんできて、部活に遊びにと充実していた。吹奏楽部は初の全国大会出場を果たし、惜しくも2位だったけれど、それでも結果を残せたことで後輩たちにはよいバトンを渡せたと思う。

母はいつも、どんなに遠くてもわたしの演奏会を聴きに来て、

「上手くなったね」

と喜んでくれていた。


吹奏楽部で全国大会2位という結果のおかげで推薦をもらうことができたので、わたしは音楽科がある東京の大学に進学することに決めた。

日光から出たことのないわたしにとって、東京は未知の場所である。初めての一人暮らしでもあり不安もあったが、ずっと頑張ってきたクラリネットでとれた推薦なので、どうしてもその大学に行きたかったのだ。

「東京の大学を受験したい」

そう相談したときから、母の様子が少しおかしくなった。

「あなたが頑張ってきたから行ける大学なのだから」

と、それでも笑顔で言ってくれたが、上京が確実になると、母の精神は不安定な時間が長くなり、抗うつ剤を飲む頻度が高くなっていった。


この不安定な母を、日光に残したままでいいのだろうか。

毎週末に日光に帰ることにしたが、3年生にもなると課題が増え、だんだん忙しくなる。週末ごとに長い距離を帰るのも、おっくうになっていた。

(お母さんを東京に呼ぼうか、それとも大学を休学するか……。いっそ退学して日光に帰るかな。どうしたらいいのだろう)

一人暮らしの狭いワンルームで頭を抱える。本当は、まだまだ大学でやりたいことがあるのに。

母のことはいつも気がかりだ。

大好きだけれど、あのすがるような目を思い浮かべると、なんとなく気が重くなるのだった。

母にはまだ黙っているけれど、わたしには付き合っている人がいる。

見た目はちょっと変わっているが、落ち着いた印象で、優しくて良い人だ。不思議なほどわたしのことをわかってくれるので、一緒にいて心地よい。

彼に母のことを相談すると、

「きっと、お母さんと奏絵の二人には、大事な学びがあるんだよ」

と言う。

「お母さんも苦しんで、奏絵も思い悩んで……それは決して悪いことではなく、そこから何か学べる大事なことがあるんだよ。

君のお母さんは、君にとても依存している。

自分の人生を人に頼る、人に依存するということが、人間は多すぎるんだ。

でも、依存することなくたった一人でもこの地球に存在していくということを、学ぶことが必要なんだよ」

彼は穏やかにそう言った。そしてぽつりと、

「ああ、でも……お母さんも限界だね」

とつぶやいた。

その瞬間、真っ黒な渦が口を開け、彼の目の前で、わたしは渦に吸い込まれていった。

∞

唯原聡美、60歳。

わたしたち夫婦はお互い髪が白くなったけれど、それなりに仲良く、長い時を一緒に過ごしてきた。

子どもは一度授かったけれど、どうにもならない理由があって、産んであげられなかった。

それからわたしたちは、二度と子どもを授かることがなかったのだ。

「聡美との生活はとても幸せだったけれど、とうとう子どもを抱っこすることはできなかったなあ」

わたしより一回り歳が離れた夫は、そう言いながら一足早くこの世を去って行った。

わたしは、年老いてから一人になってしまった。この先、一人っきりで生きていけるのだろうかと寂しさと不安が募る。老人の一人暮らしは物騒だろう。

わたしは、空いている一部屋を誰かに貸せないかと思った。

大学にほど近い立地でもあったので、募集をかけるとすぐに、大学2年生の男の子が部屋を借りてくれた。

ちょっと変わった雰囲気の男の子だった。わたしの寂しさを感じ取ったのか、

「僕、大家さんの子ども役でいいよ」

と言う。

（あのときに諦めた子どもが大きくなったら、このぐらいの歳なのね……）

男の子と親しくなってからも、自分の子どもではないことをときおり思い出し、そのたびに微かな虚しさを覚えるのだった。


大学生活の中でだんだんと大人びていった彼は、無事大学を卒業して就職し、社会人1年目の5月のことだった。

「初めての給料が出たよ。それで、お母さん役の大家さんにブローチを買ったよ。母の日のプレゼント。いつもありがとう！」

初めてのお給料をわたしのために使ってくれるなんて、なんて嬉しいことだろう。

まるで本当の子どものようだわ。

ありがとう、と言いかけたとき、真っ黒い渦がわたしを飲み込んだ。

∞

気がつくと、〈わたし〉は病院で、お母さんの中から取り出されたところだった。

今度のお母さんは、泣いてはいなかった。穏やかな表情で、腕の中の〈わたし〉を慈しんでいる。さっきまでの苦痛はなくなり、愛に包まれている。

お母さんは、優しい眼差しを〈わたし〉に向け、

「生まれてきてくれてありがとう。あなたはわたしのところに、わたしの子どもとして生まれてきてくれたわ。

わたしをお母さんに選んでくれたことが今、すごく嬉しい。

わたしはいろんな世界を見てきたの。子どもを持った世界も見た、子どもを持たずに生きた世界も見たわ。

亡くなることはとてつもない悲しみだけれど、あなたがわたしに悲しみを『与えてくれている』ということが、今のわたしにはわかるのよ。

母親としてわたしを選んでくれた喜びと、その逆の命が失われた悲しみ。その両方をわたしに学ばせて、悲しさを乗り越えて一人で強く生きていくということを、あなたは教えてくれているのね。

ありがとう。生まれてきてくれてありがとう。

あなたは、わたしに大切なことを学ばせる役割のために、こんなに早く　命を落としたのね。一瞬でも子どもを持てたこと、わたしを選んでくれたこと、でも失ってしまったこと、その喜びと悲しみを味わうことによってわたしは強くなれた気がする。

これ以上のものを失うことはないから、これからは何を失っても生きていけそうな気がするわ」

限りない幸福感の中で意識を手放すまで、〈わたし〉はそれを聞いていた。お母さんは〈わたし〉の役割をわかってくれたんだね。

気がつくと、あの大きな目のやつが横に座って、穏やかな表情で頷いていた。

88次元ドクタードルフィンからの視点

生まれる前に亡くなってしまった子どもの宇宙人は、ニヤニヤ笑って見つめている目の大きな異形のもの。

無事に生まれた場合のパラレルワールドでは、日光のお母さんを心配する娘さんが付き合っていた男性でした。

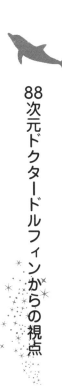

そして流産をしたお母さんの宇宙人は、部屋を間借りしていた大学生の男の子でした。

このお話では、複数の宇宙人が出てきましたね。あなたが出会う宇宙人も、一人とは限りません。


流産というのは、特に母親を悲しませる現象です。

心から楽しみにしているところを、天国から地獄へ突き落とされるような経験です。

母親だけではなく家族までも巻き込むので、本当にダメージが大きく、傷が深い。なかなか克服することのできないつらさです。

しかし、失うことによって新たに見えてくるものがあります。

今しがたまで感じていた命が消えてしまうという経験は、命とは何か、自分が生きている意味、生きていることの貴重さということを、改めて考える機会になります。

そういったことは、中途半端に落ちこんでいるときは見えてきません。

奈落の底に落ちたときにこそ、真髄《しんずい》が見えてくるのです。

子どもは、母親と宇宙で約束をしてきました。

「わたしは今回、流産になるけれど、お母さんは流産を受け入れる母親になってくれる?」と。

流産から悲しみを学ぶ必要がある母親と、流産をすることで地球のエネルギーに少しだけ触れ、母親に学ばせ、それでエネルギーを上げるという子どもの、お互いの需要が合致しているのです。

全ては宇宙での約束です。母と子の魂の約束なのです。

あなたが悪いのではないのです。

親として選んでくれたこと、短い間でも『子どもを持つ』という喜びをもたらしてくれたこと。加えて、子どもに頼らず自立して生きていくということ。全ては約束があってのお互いの学びなのです。

悲しみが感謝に変わるとき、あなたの魂はとても大きな進化・成長を遂げるでしょう。

地球的には悲しいストーリーですが、宇宙的には、とても美しいストーリーなのです。

story 15

虐待

待望の赤ちゃんは、女の子。

五体満足で生まれたこの子は、わたしたち夫婦の一番の望みだった。

お腹に子どもが宿ったとわかったときの幸福感は深く印象に残っている。

「この子がいれば他には何も要らない」

バラ色の未来が待っているのだ。


藤堂《とうどう》紗江子《さえこ》、34歳。

わたしは、バリバリのキャリアウーマンだった。

上場企業の総合職で営業企画部に所属していた。

営業員の目標達成のために戦略を立て、バックアップをする。

予測と実績との差異分析。傾向対策。

職場に女性はあまりおらず、転勤や残業も多かったが、会社全体を見渡すことができる仕事は、わたしの性に合っていると思えた。積んできた経験を認めてもらい、責任ある仕事を任せられるようになり、とてもやりがいを感じていた。

出世が期待できるというのも、総合職の大きな魅力だ。

持てる時間のほとんどを仕事に費やして、アイディアを出し成果を上げ続けたわたしは、営業企画のエースだった。

女性特有の柔らかい物腰も響いたのか、上司にも部下にも慕われていた。


妊娠がわかったときには、出産後は是非また職場に戻って手腕を発揮して欲しいと乞《こ》われた。

妊娠・出産という人生初の一大イベントへの不安と期待。

生まれてくる子どもと過ごす未来を考えると、産休はあまりにも短いように思えた。

1日の時間のほとんどを費やさねばならない仕事と天秤にかけると、上司のありがたい申し出も断らざるを得なかった。

「この職に就いていますと、子どもと接する時間もなかなか取れなくなりますから……」

わたしは、惜しまれつつ退職した。


産後1週間で退院し、わたしは子どもを抱えて自宅へ戻った。

商社勤めの夫は出張も多く、育児について頼ることは難しい。

わたしは、田舎の母にサポートをお願いした。初孫なこともあって母は快諾し、次の週には大荷物と一緒に駆けつけてくれた。孫と初めて対面した母は目尻を下げ、

「可愛いねえ、可愛いねえ」

と、いつまでも抱いてくれた。


2時間ごとの授乳、頻繁なオムツの交換。

母に教わりつつ、眠気の中でこなしていく。

初めての子育ては、予想外のことの連続だった。

赤ちゃんは抱っこをすれば泣き止むものだと思っていたし、眠いという理由で泣くなんて思いもしなかった。はじめは身体の軽さに驚いていたのに、日に何度もあやすとなると腕が悲鳴を上げ始めた。

仕事では傾向と対策を考えて戦略を立てるのが得意だったのに、こと子どもに関しては、いつも予想を裏切られる。

「でもねえ、赤ちゃんってこういうものなのよ」

母は、どんなときでもそう言って、穏やかな眼差しをしていた。

「こういうもの」のくくりはよくわからなかったが、そんな泰然とした母の存在はとてもありがたかった。

半年経った頃、母はそろそろよいだろうと田舎へ帰って行った。

それからは、わたしと娘、二人っきりの生活が始まった。

夫はあいかわらず、あまり帰ってこない。

帰ってきても、帰宅は夜中ということがほとんどだったため、育児について相談したり、大変さを訴える時間すらなかった。夫はこの半年間で1度も、娘のオムツを替えたこともなかった。

近くの児童館では、乳幼児のお母さん同士が集まる時間があるらしい。働いているときは、児童館なんていう建物があることすら知らなかった。

娘も、もうすぐ離乳食が始まる。

(同じ立場の母親の話が聞けるかも)

そう思って、わたしは娘と一緒に初めての児童館に出かけた。

同じくらいのたくさんの赤ちゃんが、カラフルなマットの上で転がっていた。ハイハイが板についてきた子、つかまり立ち真っ最中の子、泣きじゃくる子。

母親たちはひと所に集まって、

「うちの子はまだハイハイもできなくて……」

「なかなか髪が生えてこなくって……」

「離乳食どうしてる？」

などと話していた。

初めての参加だったので、わたしは遠慮がちにその輪の中に入る。

年齢がわたしと同じか、もしくは少し下かもしれない母親は、連れてきた赤ちゃんが3人目だという。そういう母親は、母親グループの「子育て先生」となり、とても頼りにされていた。

みな、

「発熱のときは？」

「泣き止まないときは？」

と、次々に質問をしている。確かに、二人もすでに育てあげている母親の言葉は現実味があって頼もしい。

わたしも静かに座って聞き役に徹していたが、しばらくすると話題は夫や行政への愚痴に移行していった。

今さら働くなんて嫌だけど、夫の給料が低いのでパートに出るしかない。パートに出るにしても、待機児童も多いからすぐに保育園に受け入れてもらえるとも思えない……。

「元いた職場には、復帰できないの？」

と聞いてみると、子どもができる直前まで正規雇用だった人は、その場にほとんどおらず、アルバイトやパートにしても、勤続年数は少なかった。

子育て先生である母親は、若くして1人目を妊娠したため、入社1年目で退職したのだそうだ。

みな、口を揃えて、

「誰でもできるような、簡単で時短の仕事があったらねえ、働けそうだけど」

「あんまり責任のない仕事だったらいいけどね」

と言う。

ついこのあいだまでキャリアを積んできたわたしには、思い通りにならない子育てよりも、計画通りに進み、結果が出るようなやりがいある仕事のほうが、どれだけ楽しいかと思ってしまう。

仕事というものに対して持っている熱量や責任感は人それぞれだが、自分とはあまりにも温度差がある気がした。

驚いたのは、日中に乳幼児と二人っきりであることを、辛いと思うより「可愛い、愛しい」という気持ちのほうが勝るという人が多いことだ。

「泣いて泣いて泣いてしょうがないときは、『もう！』って思うんだけど、結局可愛いくてしょうがないのよね」

腕の中で寝てしまった我が子を、愛しげな眼差しで見つめながら、隣の母親が言っていた。

（この連日の寝不足をも厭《いと》わないような愛情を、わたしはこの子に感じているかしら……）

そもそも児童館に来たのも、「娘に初めての友達を作ってあげたい、他の子と関わる娘の様子を見てみたい」というよりも、「娘と二人っきりで塞いでいる自分の気持ちが、ちょっとでも晴れれば」と思う気持ちのほうが強かった。

でも、「子どもと二人っきりは、辛いんです」なんてとても言えなかった。

周りの母親は子どもの話から延々と、家庭や趣味について話題を広げている。

女が集まってする話には終わりがない。

わたしは一人、疎外感を持っていた。

それから数日、あのあと、なんとなく児童館へは足が向かずに、あいかわらず娘と二人っきりで過ごしていた。

数時間ごとの授乳はまだ続いていた。

わたしは母乳があまり出ない体質らしい。娘を満たしてやれるほどの量が出ないのだ。夜中の授乳で、もっと飲みたいと泣くけれど、十分に与えてあげられないので、娘はさらに泣く。

わたしは母親として欠陥品なのだと落ち込む日々。

(仕事ではあんなに優秀だったのに)

もっとキラキラとした授乳期を想像していたが、現実はボロボロだ。

夜泣きに何度も起こされ、もともと寝つきが悪いことも相まって、わたしの精神はどんどん疲弊していった。大きな声で泣く娘に、

「うるさい!」

と思わず怒鳴ってしまうこともあった。

母乳の量が増えないので、そのうちに粉ミルクを与えるようになった。

粉ミルクをお湯に溶かす。それが人肌程度に冷めるのを待つ間、娘の泣き声を背中で聞いていた。

なんで母乳が出ないんだろう……。

こんなに疲れて眠いのに、夜泣きが収まったあと、どうしてスッと眠れないんだろう。

娘の体重は今まで順調に増えていたが、乳幼児健診で平均値より少し下回った。『平均点以下の母親』という烙印を押された気がした。なかなか増えない母乳が原因かと気が沈む。

（みんな、こういうことを児童館とかで相談するのかしらね……）

しかし、他の母親も同じように睡眠不足で当たり前の時期、睡眠不足を訴えたところでそれが特別なことでも、ましてや解消されるわけでもない。

むしろ睡眠不足のまま、地域の母親たちと交流するほうが疲労が増すような気がする。

粉ミルクをあげると、娘は満足そうに眠りについた。

その柔らかな頬を撫でているうちに、

「いいなあ、気持ち良さそうに眠れて。わたしはあなたのせいで眠れないっていうのに」

と口に出ていた。

一度口に出してしまうと、みるみる憎しみが表面に現れてきた。頬を撫でていた手が止まる。

わたしは眠れない苛つきや辛さを、娘にも味わわせたいと思った。

その日から、粉ミルクをあげないようにした。

母乳だけでは足りずにお腹が空いて泣き続ける娘を、ベビーベッドに放置する。抱き上げてあやすこともしなくなり、泣き声がうるさいので、ベビー布団ですまきにして音が聞こえないようにした。

わたしは、箍《たが》が外れたようにおかしくなっていく。

さらに泣き止まないときは、娘の耳元で「うるさい！」と怒鳴ったり、柔らかい腿や二の腕をつねるようになった。

痛みでさらに泣くけれど、そのうち泣き疲れて静かになるまで続けた。

娘を痛めつけている間も、その後も、わたしの頭には、

「ああ、わたしはおかしくなってしまった」

と冷静に判断している部分もあった。

こんなはずじゃなかった。子どもは慈しんで育てるものだと、それが常識だと今も思っている。「そうするべきだ」とも思っていた。

「この子がいれば他に何も要らない」と思える未来だったはずが、「この子がいなければよかったのに」と思うようになった。

娘の甲高い泣き声に追い詰められて、わたしは今日もまた、娘の身体をつねる。

夫がめずらしく休みで、家にいる日だった。

「なあ……あの子の身体に、結構あざがあるんだが、どうしたんだ？」

寝室で娘を見た夫が、わたしのいるキッチンにきて怪訝そうに聞いた。

「ああ、あの子ね……このあいだベビーベッドから落っこちたのよ。あと、自分で肌を掻いているようなこともあるし、それでできたんじゃないかしら」

朝食の皿を片付けながら答えたが、夫の表情は晴れなかった。

「……それにしてはあざが多いよ……内出血のような傷もあるし」

「そうかしら」

「紗江子、何か心当たりないのか？」

「何かって何」

「……手を上げているんじゃないのか、娘に」

カッと頬が熱くなった。

「普段育児にまるで協力していない人が、何言ってるのよ！　ぜんぜん帰ってこないくせに！　あなたがいない間、わたしはあの子と二人っきりで、何もかもわたし一人でやって！　ぜんぜん眠れていないのよ！

お乳が出ないのに欲しいって泣くし、眠れないって泣くのよ！

わたしが泣きたいわよ！」

「紗江子……君一人に任せっきりなのは、本当に申し訳ないと思っているよ。ただ、あの子は僕たちの待望の子どもだろう。君も生まれてくるのを楽しみにしていたじゃないか。なぜそんな……」

「あの子に愛情なんてこれっぽっちもないわ！　顔を見たって憎らしいとしか思えない」

やっと夫に復讐ができたような気がして愉快にさえなったわたしは、甲高く笑った。

「なんてことだ……」

夫は悲壮な顔でわたしを見つめた。

「なあ、君は疲れすぎておかしくなってしまっている。そんな顔をする人じゃなかったじゃないか。娘に愛情が全くないなんて、そんなはずはないだろう。

心の奥のほうで『これじゃあいけない』と、まだ思っているだろう？

今、引き返さないと、君も娘も本当にダメになってしまうよ」

その夫の声と同時に、天井に黒い闇が広がりぐるぐると渦を巻き始めた。

〈まるで、わたしの心の闇があふれ出たようだわ……〉

そう自嘲しながら見とれているうちに、わたしはその闇に吸い込まれていった。

∞

わたしは働きながら子育てをしている、いわゆる「ワーキングママ」だ。

娘は生まれてから数ヶ月で保育園に預けている。

なかなか保育園に通わせられない激戦区にあって、認可保育園の籍が確保できたのも、真面目に勤めてきた勤続年数のおかげだろう。

フルタイム勤務のため、保育園には時間いっぱいまで預けている。娘は、家より保育園にいる時間のほうが長かった。

週末には少し時間があるけれど、持ち帰ってしまう事務作業や疲れが相まって、あまり娘と遊んであげられていない。

（きっと寂しいと思っているわよね……）

後ろめたい気持ちと、総合職でのキャリアに板挟みになりながら、朝から娘を預けて職場へ向かう。

ある休日、商社勤務の夫に、娘をかまってやれる時間が少ないことを相談した。すると意外にも夫が、

「まだあの子は小さいし、親との関わりが少ないのは正直かわいそうだと思うよ。僕のほう

が可能な限り育休を取ってみるから」

と言ってくれた。

その日から、夫が主夫となった。

娘の世話も最初はぎこちなく、いろいろと失敗もあったようだったが、それも数週間で慣れ、今は細かく面倒を見ているようだ。


わたしは、母乳の出が悪かった。

保育園には粉ミルクと搾乳したものを預けていたが、家でも主に粉ミルクを与えるようになった。夫が面倒を見るにも、粉ミルクのほうが便利だったからだ。

夫も、

「君も働いているんだし、完全母乳でなければならないとは僕は思わないよ。粉ミルクでも栄養的に問題がなければ、それでいいじゃないか」

と言ってくれた。


ようやく繁忙期が過ぎ、ゆったりとした休日だった。

夫が替えたオムツの処理をしている間、新しいオムツを当てられてご機嫌な娘を久しぶりに腕に抱いた。

すると、娘がみるみるしかめっつらになった。

「あれ？　どうしたの？」

どんどん顔が歪んでいき、とうとう泣き出してしまった。

オロオロとあやしてみるが、なかなか泣き止まない。

「おやおや、どうした？」

そう言って横から夫が手を差し伸べるので、促されるまま娘を渡すと、ぴたりと泣き止んだ。

ショックだった。

子どもにとって母親とは、無条件に懐《なつ》く対象だと思っていた。だがやはり関わる時間の長さが重要なのだと思い知る。

あまり一緒に過ごしてあげられないわたしは、娘にとって他人にも近い存在なのかもしれない。

夫の腕で穏やかな顔で眠る娘を見て、わたしはとても寂しくなった。

わたしは、職場でとても評価されている。女性でありながら管理職だ。

現在わたしは大きな企画を任されており、とてもやりがいを感じていた。

人生のパートナーである夫は優しい人だ。

わたしの人生は順風満帆だと信じていたけれど、夜遅くに帰宅して、寝ている娘の顔を見ると、

(本当に、これでいいのだろうか?)

と思うことが多くなった。

仕事が重責になるほど、娘と過ごせる時間は少なくなる。

だいたい、わたしはなぜ働いているのだろう?

娘の将来のために、という理由ももちろんあるが、今、娘との時間を犠牲にしてまで続けることは、はたして良いことなのだろうか? 1歳という幼い時期に、母親としての役割を果たさなくて後悔しないのか?

もしかしたらわたしが働いているのは、自分の出世欲や自己満足を満たしたいだけなのかもしれない。

……しかし、今すぐに仕事を辞められる状況にはない。

金曜日の夜、遅くに帰宅してからも、そんなことを繰り返し考えていた。

夫が、

「どうしたの?」

と声をかけてきた。夫は、娘が食べこぼしたよだれ掛けのシミ抜きをしていたらしい。本当によく気の回る人だ。

感謝しつつ、悩みを打ち明けると、

「君にとって一番大事なことって何だろう？

仕事はやりがいがあるだろう。そのほかに、いろいろやってみたいことだってあるだろうね。でもね、一番君が『安らぐ』ことって何だろうね？　楽しくてワクワクすることももちろん大事だけど、『安らぐ』ってことが一番大事だよ」

と夫が優しく答えてくれた。

「安らぐこと……」

わたしは考え込んだ。

仕事をしているときを思い浮かべてみると、充実はしているけれど安らいではいない。場合によってはイライラしている。そしてどの場合であっても忙《せわ》しないことには変わりがない。

（でも、その忙しない日に帰ってきて、ふと娘の寝顔を見るとホッとするのよね……）

そう思ったとき、黒い渦がわたしを飲み込んだ。

∞

わたしたち夫婦は、今年で結婚10周年だ。

子どもはまだいない。切望しているがなかなかできず、結婚5年目から不妊治療を開始したが、その道のりは険しい。

一月ごとの結果を待つしかなく、夫の協力も不可欠だ。結果に一喜一憂するも、なかなか授からなかった。

40代に差し掛かり、自然妊娠では難しいかもしれないということで、体外受精も試みた。

不妊治療では費用が嵩み、体外受精ともなるとさらに負担が大きい。

そんな苦労の甲斐なく、気がつけば45歳になっていた。

「ねえ、あなた。もう、子どもは無理かもしれないね。わたし、もう45歳だもん」

ある日、夫にそう言った。

わたしたち夫婦は共働きで過ごしてきた。

夫は商社勤務、わたしは中堅の企業で企画系の総合職に就いている。

どちらも激務だ。

その激務の合間に、不妊治療をしていた。

「ねえ、やっぱり子どもっていうのは、親を選んで来るのかな。

わたしたちはどちらも忙しくしてるから、『こんな家に生まれちゃ大変だ』って思って、きてくれないのかもしれない。子どもはきっと寂しい思いをするだろうし、不幸になっちゃうよね……」

なんとなくそう言った。毎月、結果を待ってはがっかりするような生活に疲れ果て、心にぽっかりと穴が空いた気分だった。

すると夫は、

「そうだね。そういうことなんだ。

子どもと母親が親子になるということは、子どもが最高の母親を選んで、母親が最高の子どもを選ぶということなんだよ。

お互いの意思が合意した上で、親子になるんだ」

と言った。夫は真剣な顔でわたしを見つめていた。

（え？　それって……）

もっと詳しく聞こうと口を開いたそのとき、目の前に黒く渦巻いた空間が現れ、わたしはそこに吸い込まれていった。

∞

気がつくと、わたしは元の自分に戻っていた。

子どものためにキャリアを捨てたのに、その愛しい子どもを痛めつけている自分。

傍に、ベビーベッドで眠る娘の姿があった。ふっくらとした腕に、わたしのつねった跡が痛々しく残っていた。

「わたしは、一体何をしてしまったの……」

涙が溢れた。自分の感情のために子どもを傷つけてきた。

まだこんなに幼い我が子を、望んで産んだこの子を、来る日も来る日も痛めつけて、得たものは何だったのだろう。

しかし、この子はいつもわたしを求めて泣いていた。わたしを必要としていた。わたしがいないと生きていけないからだ。

わたしは、パラレル世界での選択肢を見てきた。

子どもよりも仕事を優先する自分。子どもがいない寂しい世界。どこでも満たされない思いがあった。

今、目の前のこの子が必死にわたしを求めていることに気がつくと、言葉にできない感情があふれ出した。

この子はわたしを選んで生まれてきて、わたしもこの子の母親になるという約束で親子になったのだ。

この子の母親はわたしでなければならないし、わたしの子もこの子でなければならない。

無二の愛情があふれ出した途端、乳房に鈍い痛みが走り、母乳が満ちてくるのを感じた。

あれだけ悩んでいた母乳が、この子への愛情を確認した途端に出るなんて。

わたしはそっと娘を抱き上げた。

薄目を開けた娘の口元を、そっと胸に引き寄せた。

娘は静かに、力強く母乳を飲んでいる。飢えていたのだ。

(ごめんね、ごめんね……わたしは最低な母親だった。遅すぎるくらいだけど、やっとあなたを世界一愛しいと思う気持ちになったの)

すると、娘が乳房から口を離し、

「ママ、やっと気がついてくれたね」

と言った。そして、

「ワタシにはママしかいないし、ママにはワタシしかいないの。

生まれてくる前に、ワタシとママは、約束して親子になったのよ。

ワタシとママの間には、今生の試練として『虐待』があったの。

ママもその役割に苦しんだけど、やっと学びを得られたね。

ワタシはね、宇宙人。宇宙人のママだよ。ママは、地球人のわたし。

ママが、一番大事なことに気づいてくれて、本当によかった」

そう言うと、ニコッと笑った。

88次元ドクタードルフィンからの視点

キャリアウーマンの藤堂紗江子さんの宇宙人は、娘さんとご主人でした。今回も複数の宇宙人が登場しましたね。

今、親から子どもへの虐待は増えています。

このお話では、仕事に生きがいを感じていた母親が、育児の難しさを前にして葛藤しています。

生きる上での、優先順位とはどのようでしょうか?

生きがいというものについても、見つめなおしてみましょう。

大事なのは、『自分のハートがどこを向くか』です。

そして、ハートで自分をどれだけ評価できるか、愛せるかということも、とても大切なのです。

愛こそが、地球人が生きる糧になります。

まず、競争という原理がよろしくない。競争とは、優劣をつけることですね。他人や周囲と自分を比べると、どうしても自分が最良とは思えずに、エネルギーがイライラしてくるのです。比較したことで、自分が嫌いになっている状態です。

本来、魂は穏やかなものですが、自分の魂として生きていないとイライラするのですね。他人と比較せず、穏やかであることが大事です。

母親が穏やかになった途端に、子どもも穏やかになります。

子どもへの虐待というのは、イライラして子どもに八つ当たりしている現象です。

『本来の自分ではない状態』、自分で自分を認められず、それを誰かのせいにしたくなるのです。

大事なことは2つあります。

イライラするのは誰のせいでもなく、自分がそうさせているということに気づくことが一つ。

もう一つは、誰とも比較せず、自分がそのままで大丈夫、完璧だということを受け入れること。

あなたは、宇宙からシナリオを選んできた最高傑作です。

今、自身が不十分だとか、不完全だと思っていることも、それがあなたにとって必要な、最高のシナリオなのだということを受け入れましょう。

この2つができれば穏やかになれ、自分が穏やかになれたら、自分の周囲、特に親子関係もきっと穏やかになります。

特に、お子さんというのは、ご自身の鏡だと思ってください。

自分がイライラしていると、イライラが伝播します。

周囲がイライラしていたら、自分がイライラしているということなのです。

story 16

自閉症

ここは、ドクタードルフィンの診療所。

今日もその親子はやってきた。5歳の男の子と母親だ。

母親はいつも心配そうに、息子の顔を見つめている。

最初にこの親子が診療所を訪れたとき、その男の子は全く何にも興味を示さなかった。

初対面のドクタードルフィンにも、連れてきてくれた母親にも、テレビや本にも見向きもせず、人の話もまるで聞いていないふうだった。

彼は幼稚園に通い始めていたが、半年経っても友達が一人もできず、いつも一人でいるという。

時々、感情が爆発して「わー!」と叫ぶこともあるようだ。

しかし、彼がたった一つ、興味を示すものがあった。それは『絵を描くこと』である。感情が爆発したときも、絵を描かせるととても静かに集中できるようだ。

描かれた絵を見るのは好きでなく、自分で描くのが好きなのだった。

そんな彼を診療所に連れてきた母親は最初、切実な表情で、

「ドルフィン先生、この子をもう少し他の子と同じような、きちんと生活できる子にしてやることはできますでしょうか？」

と言った。

「社会で普通に生きていけるようになって欲しいけれど、どうしたらいいかわからない」と、藁《わら》をもすがる思いで来たと言う。

大きな病院ではすでに、『自閉症』という診断は下っていた。

治療はなかなか難しく、画期的な薬があるわけでもない。

黙々と画用紙に絵を描き続ける男の子をじっと見ながら、

「お母さん、あなたは他の子よりもこの子が劣っていると見ているでしょう」

と、ドクタードルフィンは言った。

「わたしから見るとこの子はすごく優れていますよ。こんな素敵な絵を描いているでしょう。ただ、お母さんにはそうは思えないですよね」

母親は、あいまいな笑顔を見せていたが、子どもが優れているという話に同意しているようには見えなかった。

常に他の子と我が子を比べて悲しんできたのだろう。あれもできない、こんなこともできない不憫な子だと。

診療所の窓から見える空には、トンビが飛んでいた。

息子の描く絵が完成するのを待ちながら、母親が何気なくトンビを目で追っていると、トンビが静かにすうっと降りてきて、窓辺に止まった。

窓の外からじっと母親を見つめている。そして、

「お母さん。お母さんはとても良い子どもを持ったね」

と言った。

「え?」

母親が思わずトンビを凝視してその目の奥が渦巻いていることに気がつき、驚いて腰を浮かした瞬間、その目に吸い込まれた。

∞

気がつくと、息子が横に立っていた。

息子は、とても「普通」の子だ。他の子と同じようなことはできるが、平凡で、ずば抜けて

得意なものもない。

幼稚園の先生との面談では、

「特に悪いところもありませんし、良い子です」

ということだった。クラスの他の子の母親から話を聞くと、

「息子は、工作が得意で」

「うちの子、走るのが速くって」

「下が生まれてからしっかり者で」

「お友達との格闘ごっこがとっても好きで」

というように、何か印象深いものが出てくるのだが、息子に関しては何もない。それが少し寂しい。

園庭を走る息子を見守りながら、

(でも、五体満足で平均的にできてはいるんだもの、それでいいのよね……)

そう思った。

仰いだ空は気持ち良く晴れていて、トンビが1羽、高く飛んでいた。

(あ、トンビ……)

気がつくのと、トンビが急下降してくるのが同時だった。

トンビは母親の傍に降りると、

「ねえ、お母さん、あなた、この子のこと自慢できる？」

と聞いた。母親は虚を突かれたようになり、トンビから話しかけられたことは置いておいて、思わず口から言葉が滑り出た。

「ええ、この子すごくいい子よ。先生から怒られることもないし、家でも大人しいし、普通のことはできるし。

何か他の子と違うところって言われると……思いつかないけど……」

だんだんと、尻つぼみになった。

すると、目を合わせていたトンビの瞳が渦巻いて、母親はまた吸い込まれていった。

∞

目の前に何かがいた。

直感で「あのトンビだ」とわかる。

なぜだか、それが「宇宙人のワタシ」であることも理解していた。

わたしはトンビに、宇宙に連れてこられたようだ。

ここはシリウス。みな、自由自在に姿を変えたりしている。
「ワタシたちの学校に連れて行ってあげるわ」
と宇宙トンビに導かれて、母親は学校といわれるところに着いた。
子どもの雰囲気を纏《まと》った宇宙人がたくさんいた。
絵を描く子は、絵ばかりを描く。歌を歌う子は、ずっと歌っている。
かけっこしている子も、忍者ごっこをしている子もそうだった。
みな、バラバラなことをしていた。
休み時間にしては長すぎるし、授業にしては全く成立していないと思った母親は、
「これが学校なの？」
と聞いた。すると宇宙トンビは、
「これが本当の学校のあり方ですよ。
それぞれが得意なことをして、周りはそれを見て学ぶのです。
それをみんながやっているだけのこと。
得意なことをしていればずっと楽しいし、もっと得意になる。
ですから、周りもどんどんレベルアップしていくものを学べるんですよ。
すごく濃い『学びのかたち』です。本来、地球でも学校はこうあるべきなんですよ」

と言った。そしてあたりを見渡して、

「ほら、ごらんなさい。争いも起きないでしょう？

みんな同じことをしないから、比べようもないし、妬みや嫉妬も湧かないのです。自信喪失して卑屈になることもない。

先生が怒ることも、注意することもない。

自由でしょう？　そして平和でしょう？

あちこちに喜びが溢れている」

そう言うと、にっこり微笑んだ。

そして宇宙トンビの瞳から湧き上がってきた渦に、母親はまた飲み込まれていった。

∞

気がつくと、息子が目の前で絵を描いていた。

ドクタードルフィンが、その様子を静かに見守りながら、

「お母さんは、息子さんにあなたが望むような姿になることを願っていますか？

みんなと同じことができる子になって欲しいと、まだ望んでいますか？」

母親は、これまでにないほどに爽やかな表情で
「いいえ、わたしは間違っていたようです。

知らずしらずのうちに、この子を枠にはめようとしていました。

今は、この子の長所、得意で素晴らしいところを伸ばしてやりたいと思います」

と言った。ドクタードルフィンが深く頷き、

「お母さん、その通りですよ。ワタシ、ドクタードルフィンの仕事は、脳が望むことではなく、魂が望むことの実現の手助けなのです」

と言うと、窓の外でトンビが一声、高く鳴いた。

88次元ドクタードルフィンからの視点

この物語の宇宙人はトンビでしたね。そして、言わずと知れたワタシ、ドクタードルフィンもまた宇宙人です。

レインボーチルドレン、クリスタルチルドレン、バイオレットチルドレンなど、今、本当に高いエネルギーを持った子どもたちが生まれてきています。

今までの常識と固定観念で生きてきた大人には、とうてい受け入れられません。

特に、学校の先生や親には理解されないような子どもがいっぱい生まれてきています。

みんな、「地球でのストーリーは全て、自分で描いてきたものだ」とわかっているのです。

テーマをしっかり持って地球にやってきており、これまでの地球人の固定観念に縛られることがありません。

毎日学校に行く、笑顔で挨拶する、周囲に合わせて大人しくする、謙虚に生きる、などといった、これまでは「社会に適合するため」には当たり前だった常識に染まらないのです。

彼らは、知っています。

魂を最高にハッピーにして生きれば、親、兄弟、家族、学校、社会といった環境全てに貢献できるということを。

世間一般でいう、いい子でなくていいのです。


自閉症と診断される子どもというのは、一つの世界に入るともう他のことは耳に入らないといった集中状態になります。一般的に見ると『ダメな子』に映るのでしょう。

けれどもそれは逆にいうと、これまでの一般人ではあるレベルまでにしか行けないところを、さらに奥深くまで行けるということです。

そこをうまく伸ばしてあげられたら、世界でもトップレベルの才能が開花することもあります。

それが、絵であったり、音楽であったり、数学だったり、記憶力だったりするかもしれません。

自閉症の子どもは、誰もができることをやる能力は低い傾向がありますから、それを親御さんは心配するのですね。

しかし、魂とはバランスが取れているものです。

自閉症の子どもは、みんなと同じことまでできるようにすると容量いっぱいになってしまうのですが、みんなができないある一点にのみ容量を使えると、目を見張らせるような偉業を行なったりします。

今までの地球人は、本当はやらなくてもいいことも、みんなと同じようにやれるようにと育てられるので、それで容量いっぱいになってしまっていました。

魂で一番秀でているところを伸ばせなかったのです。

自閉症の子どもは、もうわかっているので「みんなと同じような能力は上げていかなくてもいい」と、わざとオフにしているのですね。

これからは、自閉症の子どもを讃《たた》えてあげましょう。

「この子は劣っている、こんな子どもに育ててしまった自分が悪い」という見方ではなく、「わたしは素晴らしい子を産んだ。素晴らしい子に選んでもらった」と思ってください。

「この子には、どんな能力が眠っているんだろう」とワクワクしてください。

その子は、「学校に行きたくない」と言うかもしれません。

そんな子は、無理に学校に行かせなくても、ハッピーになる力を持っているのです。

親や先生、周囲にも学ばせることのできる、強力なメッセージを伝えてくるのです。

自閉症という言葉も悪いですね。

ドクタードルフィンには、「自らを閉じている」ようには感じられません。

むしろ「自らを開いている」と感じられます。

自分を開いて社会を閉じる、『自開社閉症《じかいしゃへいしょう》』と名付けたいと思います。

あとがき

わたしはよく、『人生と身体』という言葉を使います。

その2つをより良くするために、誰もが四苦八苦して生きていらっしゃいますね。

その四苦八苦の原因は、あなたの脳が望む『理想の自分』に及ばない自分への絶望やジレンマではありませんか？

日々、背伸びをしたり、他人と比べたりして落ち込んでいませんか？


今、あなたが望んでいることには、『脳』というバイアスがかかっているのです。その望みは、あなたが地球に入ってくる前の高次元の自分が望んでいたものとは、実は全く違います。

あなたが、「達成しないといけない」と思い込んでいるものを、魂は望んでいません。

魂が本当に望んでいないことはなかなかうまくいかず、やっとうまくいったとしても、最終的には満足できません。

また他の方向へ、幸せを求めて行ってしまいます。


地球人たちの16のストーリーには、さまざまなヒントが散りばめられていました。

あなたが普段気にもとめていない存在、もしくは見慣れているかもしれない存在が、『アナタという高次元の宇宙人』であるかもしれません。

それは、ひっそりとあなたの傍で見守っています。

物語の主人公たちはみな、人生の中でもがき、ときにはとてもつらい課題に、そうとは知らず果敢に挑んでいました。

魂が本当に望むことを知るには、彼らのように失敗や成功を幾度となく繰り返し、最終的に自分が本当に求めていること、必要なことに気づくことなのです。

けれども、気づこうと思ってすぐできることではありません。


彼らはみな、『アナタという高次元の宇宙人』のサポートを受けることができました。

彼らは、特別な存在だったのでしょうか？

いいえ、彼らは身近な存在でした。


サポートを受けるのに、特別である必要はありません。

誰もが、必要なサポートを受けることができるのです。

わたし、ドクタードルフィンが、今こうしてさまざまに発信し、やりたいことができているのは、高次元のワタシのサポートがあるからです。

『アナタという高次元の宇宙人』からのサポートが得られるように、今、あなたのポータルは開き始めています。

ご自身の体験に似たストーリーがこの本の中にあったとしたら、もうあなたは、『アナタという高次元の宇宙人』に出会っているのかもしれません。

あなたの魂が、さらなる進化・成長を遂げるためのヒントを掴んでいただけたら、心から嬉しいです。

そして課題クリアの真っ只中にいるあなたが、愛と調和のうちにそれを成し遂げられますように――。

88次元　Ｆａ－Ａ
ドクタードルフィン　松久　正

88次元 Fa-A
ドクタードルフィン　**松久 正**プロフィール　Tadashi Matsuhisa

鎌倉ドクタードルフィン診療所院長。日本整形外科学会認定整形外科専門医、日本医師会認定健康スポーツ医、米国公認ドクター オブ カイロプラクティック。

慶應義塾大学医学部卒業、米国パーマーカイロプラクティック大学卒業。「地球社会の奇跡はドクタードルフィンの常識」の"ミラクルプロデューサー"。神と宇宙存在を超越し、地球で最も次元の高い存在として、神と高次元存在そして人類と地球の覚醒を担い、社会と医学を次元上昇させる。超高次元エネルギーのサポートを受け、人類をはじめとする地球生命の松果体を覚醒することにより、人類と地球のDNAを書き換える。超次元・超時空間松果体覚醒医学の対面診療には、全国各地・海外からの新規患者予約が数年待ち。世界初の遠隔医学診療を世に発信する。セミナー・講演会、ツアー、スクール（学園、塾）開催、ラジオ、ブログ、メルマガ、動画で活躍中。ドクタードルフィン公式メールマガジン（無料）配信中（HPで登録）、プレミアム動画サロンドクタードルフィンDiamond倶楽部（有料メンバー制）は随時入会受付中。

多数の著書があり、最新刊は『ウィルスの愛と人類の進化』『シリウスランゲージ』（以上ヒカルランド）『神医学』（青林堂）、他に『宇宙の優等生になりたいなら、アウトローの地球人におなりなさい!』『死と病気は芸術だ!』『シリウス旅行記』『これでいいのだ! ヘンタイでいいのだ!』『いのちのヌード』（以上VOICE）『ピラミッド封印解除・超覚醒明かされる秘密』『神ドクター　Doctor of God』（以上青林堂）『多次元パラレル自分宇宙』『あなたの宇宙人バイブレーションが覚醒します!』（以上徳間書店）『松果体革命』（2018年度出版社No.1ベストセラー）『松果体革命パワーブック』『Dr.ドルフィンの地球人革命』（以上ナチュラルスピリット）『UFOエネルギーとNEOチルドレンと高次元存在が教える地球では誰も知らないこと』『幸せDNAをオンにするには潜在意識を眠らせなさい』（以上明窓出版）『からまった心と体のほどきかた　古い自分を解き放ち、ほんとうの自分を取りもどす』（PHP研究所）『ワクワクからぷあぷあへ』（ライトワーカー）『宇宙からの覚醒爆弾「炎上チルドレン」』『菊理姫（ククリヒメ）神降臨なり』『令和のDNA　0=∞医学』『ドクタードルフィンの高次元DNAコード』『ドクター・ドルフィンのシリウス超医学』『水晶（珪素）化する地球人の秘密』『かほなちゃんは、宇宙が選んだ地球の先生』『シリウスがもう止まらない』『ペットと動物のココロが望む世界を創る方法』（以上ヒカルランド）等、話題作を次々と発表。また、『「首の後ろを押す」と病気が治る』は健康本ベストセラーになっており、『「首の後ろを押す」と病気が勝手に治りだす』（ともにマキノ出版）はその最新版。今後も続々と新刊本を出版予定で、世界で今、最も影響力のある存在である。

公式ホームページ　http://drdolphin.jp/

宇宙人《うちゅうじん》のワタシと地球人《ちきゅうじん》のわたし

88次元《じげん》 Fa《ファ》－《ー》A
ドクタードルフィン 松久《まつひさ》 正《ただし》

明窓出版

令和二年五月十五日　初刷発行

発行者 —— 麻生 真澄

〒一六四—〇〇一二
東京都中野区本町六—二七—一三
電話　（〇三）三三八〇—八三〇三
ＦＡＸ（〇三）三三八〇—六四二四

印刷所 —— 中央精版印刷株式会社

落丁・乱丁はお取り替えいたします。
定価はカバーに表示してあります。

ISBN978-4-89634-414-1

毎年年初にいくつもの予言を発表し、
その脅威の的中率により急速に注目を浴びている
『予言者・ジョセフ・ティテル』

ジョセフ・ティテル
霊的感性の気付きか

ジョセフ・ティテル著
本体価格：1,500円＋税

霊との心のこもった交信や、霊から遺族への励ましと愛情が、感動を呼びます。

ティテルだから捉えられる死後の世界がわかりやすく描かれ、この世とあの世のことがよく理解できる一冊です。**「霊的感性は誰もが持つものであり、このことに気付けば不安から解放され、この混沌とした日々の先にある世界を見通すことができる」**

本書は、大切な人を亡くして後悔をし続けている方にこそ、読んでいただきたい癒しの書です。

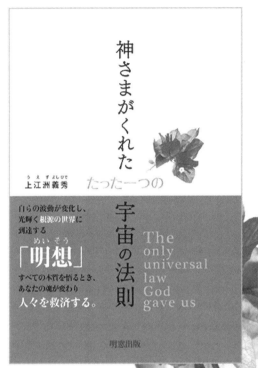